JN106506

子どもも自分も
ラクになる

どならない「叱り方」

伊藤徳馬

みなさ〜ん「どなってない」ですかー？
子育て相談のプロ伊藤徳馬です。
もうぜーんぜん大丈夫です！
(太郎5才)
太郎くんのママまりっぺさん！
伊藤先生の講座を受けて「どならないママ」になりました！
本当ですか？
まあ…ちょっとはイラっとすることもありますが
そりゃあそうですよ
昨日もお風呂上がりに…
きゃははは
ほら身体ふいて！
すべるー！
つるつる
危ないよ！
ごちん
ああー！大丈夫？

ママがいけないんだ！うわーーーん！
カチン
どかーーん!!
もういっぺん言ってみろーーー!!
…ってね
立派にどなってるじゃないですか…
ウフフ…
でも本当はどなりたくないんです〜
大丈夫！「カチンときてドッカーン」を減らす方法があります！
ほんとうに？
しかも効果があって楽チン！
さあ気軽にやっていきましょう！

はじめに

「カチンときてドッカーン！」ってありますよね

親の気持ちの余裕がないときに子どもに問題行動を連続で起こされたりすると、「何やってるの！　もういいかげんにして！　『余計なことしないで！』って言ってるでしょ！　何回言ったらわかるの！」と怒りを爆発させてしまい、子どもは泣きわめき、でも親も自分をなかなか止められない……なんてことありますよね。

そして、子どもが寝たあとで反省&自己嫌悪のお釣りが返ってきたり……。時には、「この子は幸せなんだろうか……」と、とことんネガティブになることもあったりして……。

このしんどさを減らすにはどうすればいいかというと、残念ながら特効薬は提案できないのですが、いくらかは状況を改善する方法ならあります。

それが、この本でみなさんにしていただく練習です。

高度な話は出てきませんので、気楽に読み進めてください。

本書のお題

というわけで、はじめますよー。

この本は、筆者と仲間たちが行っている子育て練習講座「ちはっさく」を紙面でそのまま再現するものです。

ちはっさくとは、「代わりの行動を教える」「気持ちに理解を示す」「待つ」「聞く・考えさせる」といった、基本的な子どもへの対応方法を楽しく練習して身につける子育て講座です。十数か所の自治体や民間団体で実施しています。

この講座では、理論的な堅い話はすっとばして、日常生活で起こりがちな場面設定に対して、受講者さんが自分らしく基本的な対応方法を使えるようにたくさんの練習をしていきます。

受講者さんたちのアンケート結果を見ると、全体的には叱る頻度・どなる頻度・子どもにイライラする頻度は低下して、ほめる頻度は上昇しており、まずまずな成果になっています（満足度はなんと98％！）。

本書のテーマは、「子どもの問題行動にカチンときてドッカーンとなりそうな状況からの逆転！」です。

数ある子どもへの基本的な対応方法のうち、「教える」「ほめる」「考えさせる」「激怒しかけたところで、どうにか親側の対応を切り替える」といったことを楽しく練習して身につけてしまおうという欲張りパッケージでいきます。

・普段からどのように肯定的なしつけをしていくのか

・思わず子どもに否定的な対応をしてしまったときに、どのように対応を切り替えていくといいのか
・親御さん自身がラクになるために現実的な選択肢はどのような対応なのか

をまるごと練習する本です。

なかでも、子育て中で「子どもの対応に疲れるときがあるんだけど、何かよい具体的な対応方法はないかなぁ」と思われている親御さん、特にママにぜひ実践してほしいと思っています。

というのも、講座の受講者さんもママが圧倒的に多いんです（なので、文中でもママ視点で練習を進めますが、もちろん「子育てはママの仕事だ」なんて思っているわけではありません）。

この本を読むとどうなる？

この本を読んだ親御さんたちは次の流れで子どもへの対応が少しうまくなり、「今の対応はちょっとよかったかも」と思える頻度が少し高くなります。

❶ 本を読みながら練習をがんばる
❷ いくらかは身につく（体で覚える）
❸ 本番（日常生活）で何となく使ってみる
❹ 何回かに1回はうまくいく
❺ 「あー、そういうことか」と実体験する
❻ また使ってみる
（講座の受講者さんたちが進む流れもこのような感じです）

それと、この本で練習する「ちはっさく」の対象年齢は、だいたい3歳以上です。練習するのは、言葉によるコミュニケーションスキルなので、3歳を過ぎてある程

度、言葉でのやり取りができるようになってくるころからがスタート。4歳〜小学校低学年くらいが「練習、実践、効果の実体験」をしやすい時期になります。

小学校高学年以降は、思春期に入るのでやりにくくはなりますが、基本が大事であることに変わりはありません。それと、個人差はとても大きいので、よその家と比べる必要はないです。

ここで自己紹介

筆者は普段は市役所で働いています。新卒時から公務員というわけでもなくて、証券会社→システム会社→市役所という転職組です。もとは福祉系でも子育て系でもない人間です。

入庁して2つ目の部署がたまたま子育て相談の担当で、ちょうど市町村が児童虐待への取り組みをはじめたばかりの激動期にあたり、いろんな専門家に助言をいただきながら虐待対応や虐待予防の取り組みを進めました。

で、11年間庁内・庁外でいろいろな取り組みをしていたら、「ちはっさく」や市町村の児童虐待対応関連の講師をするようになって、異動で子育て相談の部署を離れた今でもプライベートで講師活動を続けることになりました。

とりあえず知っておいてほしいこと

基本的な子どもへの対応方法を練習するだけでも、けっこう効果があります。

理由は簡単。多くの親御さんは子どもへの対応方法について実践的な練習の機会がないまま本番を迎えているわけですから、そりゃあ練習すればうまくいく可能性は上がります。

知識ベースでは、「ほめましょう」「穏やかに話しましょう」なんて話は耳にタコだけど、実際に行動レベルで習得していることはあるような、ないような……。という状態であれば、親御さんたちが子どもの問題行動への対応に苦労するのは無理もないことですよね。

そんなわけで、筆者は敷居の低い「練習をする場」が増やせるといいなあと思い、仲間たちと講座活動や仲間づくりを進めている一環でこの本を書いています。

やることは簡単！

この本でみなさんにしていただくのは、基本的な子どもへの対応方法の練習、基礎練です。子育て講座や育児本でさんざん大事だといわれてきた基本的な対応方法をただただ楽しく、適当にロールプレイをするだけです。

スポーツの練習と同じようなものです。真新しい奇跡の方法の紹介なんかもありません。基本的なことを練習して実践する可能性を高めることに意味がある、というシンプルな話です。

講座と違って、本だと一人で練習を続ける意志が必要になりますが、この本をすでに読みはじめているみなさんなら大丈夫ですよ。じゃんじゃん練習しましょう。

頭で考えなくても自然と使えるようになるまで練習して、体で覚えてくださいね。

じゃあ、本編に進みましょう。

第2章 カチンときてドッカーン！を減らそう——3つの逆転カード

第3章 楽しい総合練習！

1 逆転！ 青カードでの対応 198

購入者特典

本書をご購入いただいた方に限り、

1

本書にも登場した「青カード」「赤カード」の画像（スマホに表示させたり、印刷して壁に貼ったりすると◎）

2

幻の「総合練習3（超上級編）」原稿

（本書未収録）

ともに、PDFファイル

2つの特典を下記よりダウンロードいただけます。
ぜひ、あわせてお楽しみください!

https://d21.co.jp/special/donaranai/

ユーザー名：discover2949
パスワード：donaranai

第1章

まずは基本から

——5つの基本カード

さあ、はじめましょう。

この本では、みなさんが「子どもの問題行動にカチンときてドッカーンとなりそうな状況からの逆転！」ができる可能性を高めるために、たくさんの練習を用意してあります。可能性が少し高まるだけでも、みなさんの負担感や自信は大きく変わってきます。

専門的な子どもへの対応方法のトレーニングを一台数十万円するロードバイクだとすると、この本はママチャリみたいなものです。ゆるめに、適当に取り組んでいただいてOKです。**気軽に練習して、みなさんの子どもへの対応がうまくいく頻度をちょこっと上げてしまおう**というのがこの本の狙いです。

本来であれば、2時間×5回の講座で扱う内容を1冊の紙面にギュッと詰め込んでいるので、練習をするみなさんは結構大変かもしれませんが、まあ大丈夫です。

何とかなりますよ。やってしまいましょう。

「カチンときてドッカーン」というと、たとえば次のような場面に出くわしたとき、さあ、みなさんはどんな対応になりそうですか？

こんなとき何と言う？

素っ裸でドアノブにぶら下がって

４歳の元気な太郎くんは、風呂上がりに濡れた体で逃げ回り、ママがイライラして「危ないでしょ！」と言っても、ふざけて脱衣所から出ていってしまいました。

調子に乗った太郎くんは、トイレのドアノブに素っ裸のままぶら下がります。そしてバキッと音がしたドアノブは、微妙に斜めにゆがんでしまいました。

ママは「何やってんのよっ‼」と叫びながら、濡れた床を歩いて太郎くんに近づいて……。

まあ、この状況だと普通は激怒しますよね。ママも太郎くんも、このあと悲惨な目にあうんだろうなあと容易に想像できます。

でも、もちろんこういう場面で親御さんとしては、親子ともに痛い目にあうことを望んでいるわけではなく、怒りたくないのに怒らざるを得ないなかで子どものしつけをがんばろうとするわけなんですよね。

こういうことが連続すると、これがまたしんどいんですよね。もうね、「また激怒しちゃった↓明日からがんばろう↓あ、またやっちゃった」というループが続くと、仕事や家事にも影響するレベルで気持ちがやられたりして……。

今のようなやばい場面にちょっとでも対応できるように、この本では

❶ 子どもの問題行動に対応できる方法の幅を広げておく
❷ ほめることにも慣れておく

❸ やばい場面でも落ち着いて肯定的なしつけをして、軽くほめて終わって逆転成功！

と、段階を追って練習をしていきます。

③の逆転は練習をしてもたまにしか成功しませんが、成功すると親御さん自身の自己肯定感が上がります。

「おおお！　今の対応、結構よかったんじゃない？　できたよこれ！」みたいな。

それで、この本でみなさんが練習するのは、巻頭にある8つの「青カード」です（青カードといいつつ、なぜか1つだけ黄色カードが入っていますが、理由は後で説明します）。

もう1枚の「赤カード」は、みなさんが思わず使ってしまうカード。「これを0にする」のを目指すのではなく、できるだけ回避していきましょう、というものです。

これらのカードは、①叱り方の練習をするときに、カードを見ながらやる、②冷蔵庫や壁に貼っておく、③手帳に挟んで、つねに持ち歩く、などのように使ってください。

本章では、青カードのうち、基本カードの5つ「代わりの行動を教える」「一緒にやってみる」「気持ちに理解を示す」「環境をつくる」「ほめる」の練習からはじめていきます（くわしくは、前著『子どもも自分もラクになる　どならない練習』をお読みください！）。

この本は、練習することに価値があります。

「ふーん、まあ、そうだねえ」と読むだけでは効果は上がりません。

だまされたと思って、とにかく練習をしてください。最初から最後まで、ひたすら練習です。

1

「代わりの行動を教える」

「〜してね」

1つ目の青カードは「代わりの行動を教える」です。子どもが問題行動を起こしたとき、「〜してね」とか、「こういうときは、〜するんだよ」と伝えます。

さっそく練習してみましょう。この本での練習は、なるべく声を出して本番風に答えてください。リアルに練習するのが大事なんです。

恥ずかしい小芝居ですが、誰も見ていなければ堂々と声を出していきましょう。声を出せない環境で読まれているのであれば、頭の中でリアルなイメトレをしてください。

練習に出てくる子どもは4歳の太郎くんとします。

練習タイム！

こんなとき何と言う？　1

風呂場で走り回る太郎くん

ママと太郎くんの二人でお風呂に入るとき、太郎くんは脱衣所で服を脱ぐと勢いよく走って風呂場に入りました。

幸い、太郎くんは滑って転んだりすることはなかったのですが、これは危ないなと思ったママが太郎くんに注意する場面です。

では、シンプルに「～してね」と太郎くんに「代わりの行動」を教えてください。

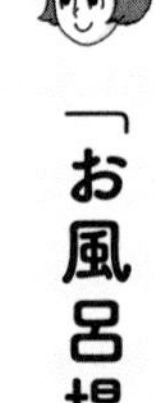

「お風呂場には歩いて入ってね」

「青カード」のためのヒント

さあ、どうでしたか？　シンプルに言えましたか？　普段こんな場面があったら、次のように対応したりしていませんか？

・もういい加減にして！　ちゃんとしてよ！（あいまい）
・走らないで！（否定形）
・言うことを聞けないなら洗ってあげないよ！（脅す）
・なんでそんなことするの!?　どうして走るの!?（質問風の攻撃）
・もし足を滑らせて頭を打ったらどうするの!?　お風呂は危ないところなんだよ！湯船の中で転んだら溺れることもあるし、もしもママが見てなかったらあっという

間に溺れるんだよ！　家の中でお風呂は一番危ないところなんだからね！（長い説明）

・危ないってことがわからないんだね。毎回注意されて楽しい？（いやみ）

・危ないことをしたから、風呂上がりのアイスはなしね！（罰）

・※ここまでの内容を怒って大声で話す（どなる）

さらさらっと書きましたが、これで「ちはっさくカード」のうち、赤カードの8つがコンプリートです。

思わず言ってしまいますよね。でもこれ、大丈夫ですからね。

この赤カードは「これを使ったらダメな親」なんてことではありません。思わず使ってしまうのはしょうがないんだけど、赤カードをがんばって使い続けても、親子ともにストレスがたまるばかりで、子どもには大して伝わらなくて、親もしんどくなるばかりなので、できれば避けたいですよね、っていうものです。

一方で、青カードは育児本やビジネス本、デート本などでさんざん紹介されてきている肯定的なコミュニケーションの取り方なので、使う頻度を高くできると、そりゃあいくらかは子どもとのやり取りがスムーズになりますよ、というものになります。

ここからが大事なことなのですが、風呂場に走って入った太郎くんに、青カードを使って「歩いて入ってね」と伝えたからといって、太郎くんが素直に言われたとおりの行動をすぐにできるかというと、そんなに甘いもんじゃないですよね。でも、赤カードで「何やってんの⁉ いい加減にしてよ‼」と対応するよりかはマシです。**青カードのほうが、伝わる可能性はいくらか高くなります。**

この青カードの練習は、日々の積み重ねで地味に効果を上げていきます。みなさんはほどほどの期待値で、楽しい練習に取り組んでくださいね♪

こんなとき何と言う？ 2

浴槽にバッシャーン‼

お風呂の話の続きです。ママとシャワーを浴びた太郎くんは、ママより先に浴槽に足を入れると、誰もいないお湯に向かってバッシャーンと前向きに倒れこんで入りました。

ママは、太郎くんがいつかケガをしそうだと思い、太郎くんに注意するとします。

では、お湯に浸かる際にバッシャーンをした太郎くんに、「代わりの行動を教える」を使って対応してみてください。

こう言えたらOK!

「お湯に入るときはゆっくり座ってね」

「青カード」のためのヒント

ここで注意事項を3つ。

① 思わず、赤カードの「否定形」を使って、「バッシャーンって入らないで!」と言ってしまいがちな場面ですが、この言い方は伝わりにくいので要注意です。「否定形」だと「これをするのはダメだよ」という情報しかないので、「何をすればいいのか」を子どもが考えないといけなくなります。そして、子どもはすぐによい答えを出せないかもしれません。

「否定形」は伝わりにくいし、成功率も低いんです。だから、「○○してね」と代わりの行動を教えたほうが手堅いし、親御さんもラクですよってことなんです。

②　子どもに注意する際は、シンプルに、明確に伝えてあげてください。

講座をしていても、「丁寧に伝えよう」という思いから、話が長くなる親御さんがたくさんいらっしゃいます。でも、話が長いと伝わりにくくなります。「長い説明」は赤カードになりますので要注意です。

③　この本の対応例はあくまで一例です。みなさんのご家庭のルール・価値観によって対応方法は変わってくると思いますが、この本でみなさんにしていただきたいのは「架空の場面設定の中で青カードを使う練習」なので、対応例とみなさんの考えた対応が異なっていても気にしないでください。

ここでの練習では、青カードが使えていて、方向性が合っていればＯＫです。唯一の正解なんてものはありません。

こんなとき何と言う？　3

えっ、もしかしてお風呂で○○したの⁉

ママと太郎くんは湯船に浸かってゆっくりしていました。しかし……、太郎くんはすました顔でしれっとお湯の中でおしっこをしてしまいました。太郎くんの周りのお湯がうっすらと濁っています。

さあ、言いたいことはいっぱいあると思いますが、もしもシンプルに次回からはどうすればよいのかという点について、「～してね」とか「～するんだよ」と伝えるとしたら、何と言いましょうか。どうぞ。

こう言えたらOK！

「おしっこはトイレでしてね」

「お風呂に行くとき、おしっこが出そうなら先にトイレに行くんだよ」

「お風呂でおしっこがしたくなったときはママに教えて」

「青カード」のためのヒント

いやー、わかりますよ。この場面、そりゃあ思わず赤カードでドッカーン！となりますよね。

「もう！　いい加減にしてよ！　汚いでしょ！　だからお風呂に入る前に『トイレに行く？』って聞いたでしょ！　信じらんない！　このお湯どうするの!?」みたいな。

そう言ってしまうのは仕方のないことですが、問題となるのはこの赤カードのドッカーン！で子どもにどの程度伝わるのかという点です。

「ちはっさく」の講座では、親役、子役に分かれてロールプレイをするわけですが、子役をしているときに今のような叱られ方をするとこれがまたわかりにくいんです。叱られているってことははっきりとわかるんですが、親役から求められている望ましい行動がさっぱりわからなかったりします。

子どもの問題行動を注意する際には、代わりの行動をシンプルに明確に伝えたほうが子どもにはわかりやすく、次回以降、うまくいく可能性をいくらかは高めることができ、結果的に親御さんがラクになります。

親御さんが口頭で、「もう、いい加減にしてよ！」と言うのと、「おしっこはトイレでしてね」と言うのとでは労力に差はありませんが、結果がちょっとだけ異なるとしたら、そりゃあお得なほうを選んでいきたいですよね。

あとは、青カードを「使おうと思えるかどうか」という親御さんの気持ちの問題になりますが、そこは練習の効果で、体で覚えたことは何となーく実践できるようになったりしますので、とりあえず淡々と、地味な練習をがんばってください。

2

「一緒にやってみよう」

「一緒にやってみる」

2つ目の青カードです。ここはとっても簡単です。

さっき練習していただいた「代わりの行動を教える」を使って「~してね」と子どもに伝えたら、それとセットで「じゃあ、一緒にやってみよう」と言って、その場で子どもと一緒にやってみる、というだけのものです。

「~してね」↓「一緒にやってみよう」

これだけです。

では、さっそく練習してみましょう。楽しく小芝居をしてみてください。どうぞ。

練習タイム！

こんなとき何と言う？　4

ノリノリの太郎くんに冷や冷や

太郎くんの希望で、ごはん茶碗を買いにお店に行きました。太郎くんは、プラスチックの茶碗から、ママやパパと同じ陶磁器のものにクラスアップすることに胸を躍らせています。

ノリノリな太郎くんは目についた商品を触ろうとするので、ママは冷や冷やしています。

そこでママは太郎くんに「〜してね」と代わりの行動を教えつつ、「一緒にやってみる」も実践することにしました。
それでは、この順番で練習をどうぞ。

[代わりの行動] ↓
[一緒にやってみる] ↓

こう言えたらOK!

[代わりの行動] 見たいお茶碗があったらママに言ってね。
[一緒にやってみる] じゃあ、一緒にやってみよう。今見てみたいお茶碗をママに教えて。

「青カード」のためのヒント

この流れで、

太郎「あの飛行機の絵のお茶碗が見たい！」
ママ「これね。『見たい』って上手に言えたね。ママが取るね。よさそう？　ほかのも見ておこうか」

こんなやり取りができると、楽しく買い物ができますよね。

今の場面で、「一緒にやってみる」なしで進めると、次のようになるかもしれません。

●極端な例

ママ「太郎くん、見たいお茶碗があったらママに言ってね。そしたらママが取るからね」

太郎「わかった‼」

太郎（スタスタスタ……、キョロキョロ……、茶碗を手に持って……）

「この飛行機のお茶碗がいい‼」

ママ「ちょっと！　お茶碗を置いて！　ママの話聞いてた？　さっきママは何て言ったの⁉」

これ、あるあるですよね。「〜してね」と代わりの行動を具体的に簡潔に伝えることは大事なんですが、それだけだと子どもが理解するのは難しいということも多々あります。

子どもも親御さんの言うことをがんばって聞いて、「わかった！」と大きな声で返事をしても、実はあまりわかっていないかもしれません。大人と子どもでは、言葉から行動をイメージする力に差がありますからね。

特に、幼児や小学校低学年であれば人間歴数年のヒヨッコなので、まあ最初は一緒にやっておいたほうが安全ですし、親御さんも怒る頻度を下げることができます。大人どうしでも、言葉だけで行動内容を共有した場合、ちょいちょい行き違いが起きますよね。

それと、「一緒に」という点が重要なポイントです。

「こういうふうにするんだよ。じゃあ、言われたとおりにやっといてね」と言って親御さんが子どもから離れてしまうと、やっぱり子どもがうまくできなくて、結局、戻ってきた親御さんが子どもを叱るオチになってしまうリスクがあります。

子どもに「～してね」と伝えたら、とりあえずその場で一緒にやってみる――これが大事です。

こんなとき何と言う？ 5

えーと、左手はどこへ……??

ママと太郎くんはケーキ屋さんでケーキを買いました。お会計が終わったところで、店員さんが太郎くんにクッキーの入った小袋をくれました。

太郎くんは「ありがとう」と言えたのはよかったのですが、恥ずかしそうに体をクネクネさせて左手をパンツの中に入れてお尻をボリボリかきながら、右手を伸ばしてクッキーを受け取りました。

ママはお店を出ると、「ありがとう」を言えた太郎くんをほめました。そして、スマートなプレゼントの受け取り方をさらっと教えるとします。では、どうぞ。

[代わりの行動]　↓

[一緒にやってみる]　↓

こう言えたらOK!

［代わりの行動］プレゼントをもらうときは、まっすぐ立って両手で受け取ってね。

［一緒にやってみる］1回やってみるよ。はい、まっすぐ立って、両手を出して。そうそう、かっこよくできたね。

「青カード」のためのヒント

「一緒にやってみる」は、先ほどの「こんなとき何と言う？4」のように本番で一緒にやってみるパターンと、今回のように次回に向けて「本番風」に事前練習を一緒にするパターンがあります。

この2パターンを体で覚えておけば、どのタイミングでも「～してね」→「じゃあ、一緒にやってみよう」が成立するようになります。

それと、みなさんに練習をしていただく際に筆者が青カードの選択や順番を指定することがありますが、これは練習を効率よく進めるために指定しているだけです。本番では、どの青カードを使うのか、どの順番で使うのかはみなさんの自由ですし、使いにくいものは使わなくても大丈夫です。

青カードを使う枚数も、1枚だけでもいいし、5枚でもいいです。みなさんが使いやすいカードをそれぞれのご家庭に合った使い方をしていただければそれでOKです。

もう一度言いますが、唯一の正解なんてないんです。

3

「気持ちに理解を示す」

「〜だよね。わかるよ」「〜なんだね」

子育て講座や育児本などでさんざん紹介されているし、ビジネス系（営業、交渉、クレーム対応、部下の育成など）の研修や記事でも超おなじみの共感系ネタです。定番なだけあって、地味ですが手堅い効果があります。この本では次の2つの練習をしていただきます。

1　共感：「〜だよね。わかるよ」（子どもの気持ちに共感できるときに使う）

例　子「まだ遊びたい！」

親「まだ遊びたいのはわかるよ。○○で楽しく遊んでたもんね。気持ちはわかるよ」

2　復唱：「〜なんだね」（共感できないときに使う。子どもが言ったことをそのままオウム返しする）

例　子「まだ遊びたい！」

親「まだ遊びたいんだね」

はい、では練習してみましょう！

練習タイム！

こんなとき何と言う？ 6

食いしん坊の太郎くん

まずは「共感」の練習です。

おやつの時間になったので、ママは台所でビスケットをお皿に乗せて太郎くんに渡しました。太郎くんはうれしそうにお皿を持って食卓のほうへ行きましたが、大好物のビスケットを早く食べたかったのか、途中で歩きながら食べはじめました。

ママが「椅子に座ってから食べてね」と注意すると、太郎くんは「早く食べたいの！」と主張しました。

ママとしては、食いしん坊の太郎くんが早くビスケットを食べたかったことに共感はできるけれど、食卓で食べることを譲る気はありません。

では、出だしにしっかりと「共感」を入れるパターンで練習をどうぞ。

［気持ちに理解を示す（共感）］↓
［代わりの行動］↓
［一緒にやってみる］↓

［気持ちに理解を示す（共感）］大好きなビスケットを早く食べたかったんだよね、それはわかるよ。

［代わりの行動］それでね、ビスケットは椅子に座って食べてほしいんだ。

［一緒にやってみる］はい、じゃあ今から座って食べるよ。

「青カード」のためのヒント

最初から正論を提示するよりは、共感して入ったほうがコミュニケーションがスムーズに進みやすいです。

筆者も講座の中で子ども役をしているとき、受講者さんに上手に共感されると、ロールプレイであっても「そう！　そうなの！　わかってもらえるなら話を聞こうかな」と思えたりします。

大人でも子どもでも、注意されたり、制止されたりするのはうれしくないわけで、その負の気持ちをマイルドにしてくれるのが共感の言葉だったりします。

ちなみに、プロ向けの研修をしているとよくわかりますが、この共感は保育園や幼稚園のベテラン先生はめちゃくちゃ上手です。子ども役をする筆者は、親役の先生たちに共感されるとモチベーション爆上がりで、予定より聞き分けのよい子ども役になってしまったりします。

この本のテーマである「ドッカーンとなりそうな状況からの逆転!」のような難しい場面でも共感はとても大事です。

親御さんは内心、「めんどくさいな」とか「こんなこと言わなくてもわかるでしょ」と思いながらでも、あえて共感の言葉を口に出すことによって、子どもの立場で考えられるようになることもあります。

やることは簡単なので大丈夫ですよ。共感できそうであれば、とりあえず「〜だよね。わかるよ」と言うだけです。

共感のコツは、行動よりも、行動せざるを得なかった子どもの気持ちに共感することです。

「歩きながらビスケットを食べる」という行動には共感できなくても、「歩きながら食べたくなるくらいビスケットが好きで、待ちきれなかった」という太郎くんの気持ちのほうなら、「まあ、わからなくもないかな」と思えたりするかも？

こんなとき何と言う？ 7

早く出かけたいときに限って……

次に「復唱」の練習です。

近所のスーパーに買い物に行く際に、太郎くんが「サメの人形を持っていきたい！」と主張し、玄関に人形を持ってきました。ママとしては、サメを持っていくのはＮＧで、早く出かけたいと思っています。

ママも気持ちに余裕があれば「共感」で対応できるのですが、今回は「早く出かけたいし、人形を持っていったら結局、ママの持ち物が増えるだけじゃん」という思いが大きく、共感はできそうにありません。

ではこの場面で、子どもが言ったままのことを「～なんだね」と繰り返す復唱を使いながら、シンプルに対応をしてみてください。

［気持ちに理解を示す（復唱）］→
［代わりの行動］

こう言えたらOK！

［気持ちに理解を示す（復唱）］サメの人形を持っていきたいんだね。ねー……。［代わりの行動］まあさ、今日は、サメは玄関に置いて出かけよう。

「青カード」のためのヒント

復唱することで、ちょっとは「あなたの話を聞いてますよ感」が出せますし、子どもの言葉をなぞることで、少しだけ子どもの視点に立つことができる場合があります。おまけに、**復唱している間に「何を話そうかなぁ」と考える時間もつくれます。**

今の例を復唱なしで対応すると、こんな感じになります。

太郎「サメの人形を持っていきたい！」
ママ「まあさ、今日は、サメは玄関に置いておこう」

少しだけ唐突感が上がりますよね。この後の太郎くんの「いやっ！　持っていく！」という反発の可能性を考えると、復唱があったほうがマシな予感はします。

あくまでもマシという程度ですが、子どもが言ったことを口先でそのまま復唱するだけで、反発の可能性を少しでも下げられるのであれば、コスパとしては結構お得です。

あと、青カード全般に言える超大事なことがあります。どのカードも子どもによって、場面によって、使えたり使えなかったりします。

今の「気持ちに理解を示す」も、「〇〇したいんだよねー」と共感することで子どもに余計に火がついて「〇〇したい〜」と大騒ぎになる可能性もあります。

どんなやり方も「すべての場面で誰にでも効果がある」なんてことはなく、トライアンドエラーで「うちの子はこういう場面でこれを使うとうまくいくなあ」と積み上げていくしかありません。スポーツとおんなじです。

ちょっとずつうまくいく頻度を上げていけば、それでＯＫです。

4

「環境をつくる」

キョリ・メセン・シゲキ

見落とされがちですが、子どもへの対応がスムーズになる要素として環境をつくるアプローチは超重要です。

やることはこれまた地味で、保育士さんなどのプロが使っていても自然に行うのでそこに価値を見出しにくかったりします。でも、環境づくりをすっ飛ばして子どもに注意したり、説明をしようとしたりすると、自分から負け戦を挑むことになります。

実は、講座の受講者さんたちが「これをしただけで状況が改善された」と報告されることが一番多い青カードがこの「環境をつくる」なのです。

「環境をつくる」のポイントは3つあります。

① **距離**　なるべく子どもに近づく
・理想は手の届く距離（遠距離は危険）
※親御さんがイライラしているときは、無理に近づかなくていいですよ！

② **目線**　目線の高さを合わせて、お互いに相手の目を見て話す
・しゃがんだり中腰になったりして目線の高さを合わせる（特に親御さんが立ったまま叱ると、子どもは威圧感を覚えるので注意）
・子どもが親の目を見るまで環境づくりを続ける

③ **刺激**　子どもの目や耳などに入る余計な刺激を減らす
・落ち着いた声で話す
・場所を変えたり、子どもの向きを変える
・音を出したり、動いたりするものを止める、もしくはそれらから離れる

それじゃあ、練習をしながら解説を進めます。

練習タイム！

こんなとき何と言う？　8

ごはんの前にお菓子食べすぎ問題

今日は自宅にばぁば（ママの母）が泊まりにきました。久しぶりにばぁばに会った太郎くんはテンション高めです。

ママは今、ごはんをつくっています。ばぁばはリビングでテレビを見ていて、太郎くんはその横で「少しだけ」という約束でお菓子を食べています。

ママがふと気づくと、太郎くんはお菓子をたくさん食べてしまっていたので、ママは台所から太郎くんに食べるのをやめるよう話しかけますが、太郎くんは生返事で食べ続けています。

こういうとき、ばぁばは太郎くんに甘いので、下手に話に巻き込むと「それくらい、いいじゃない」と言われて話がややこしくなりがちです。

では、この場面で次の3点について環境をつくろうとすると、ママはどんな行動をすればよいでしょうか。どうぞ。

① 距離 ↓

② 目線 ↓

③ 刺激 ↓

こうできたらOK!

①距離　太郎くんのそばに行く。

②目線　しゃがんで太郎くんと目線の高さを合わせる。呼びかけて太郎くんの目がママの目を見るまで待つ。

③刺激（Aパターン）

ばぁばに「ちょっとだけテレビごめんね」と伝えてテレビを切る。太郎くんの視界にばぁばが入らないように、太郎くんから見てばぁばとは反対の位置に座る。

（Bパターン）

太郎くんを部屋の隅に連れていき、太郎くんの視界にテレビやばぁばが入らないポジションを取る。

（Cパターン）

太郎くんを廊下に連れていく。

「青カード」のためのヒント

距離と目線については、なるべく近くに行って、しゃがんで声をかけて、目が合えばOKなので、やること自体は簡単です。

刺激を減らすことについては工夫が必要です。

今回の例では、テレビとばぁばへの対応をしました。

テレビ：テレビをつけたまま話をすると、子どもはチラチラとテレビを見てしまったり、ママの話とテレビの音が混ざって話半分になってしまったりしがち。

ばぁば：大好きなレアキャラのばぁばが視界に入ったり、ばぁばが話に参戦したりすると、太郎くんがママの話を集中して聞くのは難しくなるかもしれません（ばぁばがママに協力的であれば、味方につけるパターンもあるでしょう）。

ほかにも状況によっては、お菓子関連で、まずは太郎くんがお菓子を食べるのを止めるとか、お菓子の袋を太郎くんの視界の外に動かす、といった環境づくりが効果的な場合も考えられます。

それと、そろそろお気づきかもしれませんが、青カードを使ったアプローチは親御さんの時間と気持ちに余裕のあるときしかできません。なので、忙しい朝の時間にいきなり使うのは難易度が高いです。

親御さんが青カードを使うのに慣れてきて、いくらか変化を実感できるようになって少し自信がわいてくると、忙しいタイミングでもちょっとずつ使えるようになっていったりします。

とりあえず、できそうな場面で何となく青カードを使ってみて、少しでも成功体験を得ることが一番の近道です。

せっかく青カードを使ってもうまくいかないことはたくさんあるでしょうけれど、それって今までと状況が変わっていないだけであって、損はしていないので気にしないでください。

これまでより赤カードが少し減って、青カードが少し増えて、その結果としてうまく対応できる頻度が少し高くなればいいわけなので、うまくいったところだけ注目していけばいいんですよ！

真面目に失敗と向き合うとか、反省するとかは必要ないんです。適当にやっていきましょう。

5 「～できたね」

「ほめる」

子どもが望ましい行動をしたら、「～できたね」とか「がんばって～したね」と、できた行動を言葉にしてほめます。

この本の中で「ほめる」というのは、「今の行動はよかったよ」とフィードバックするものとしておきます。

ちょっとの効果ですが、子どもはほめられればその行動が増えたり、定着する可能性が少し高められます。まあ、大人も同じですよね。

一般的には、子育て支援者が「ほめましょう」と言うと、超前向き思想で「みんな子どもをホメホメして、親も子どもも幸せ、最高の子育てライフを送ろうぜ！」と言っているように見られがちですが（思い込み強い？）、ここではそういうことが言いたいわけではないんです。

よい行動はほめて「今の行動はよかったよ」と伝えて、子どもの望ましい行動がちょっとでも増えていったほうが結果的に親御さんはラクになれますよ、効率的ですよ、ってことをお話ししたいんです。

※　ほめ方には諸説あって、「結果をほめる or 過程をほめる or 行動しようとした気持ちをほめる」とか、「子どもにとってメリットがあることを伝える or ママが感謝していることを伝える」など、いろいろな選択肢があります。

だから、講座の受講者さんたちからも「結局、どのほめ方がいいんですか?」とよく聞かれるのですが、「ちはっさく」ではそういった高度なところは触れないので、『今の行動はよかったよ』と肯定的なフィードバックが子どもに伝わりさえすれば、あとはみなさんがやりやすいほめ方を選べばいいと思いますよ」とお答えしています。

まずは、次の練習問題を使って「ほめる」の解説をしていきます。

練習タイム！

こんなとき何と言う？ 9

電車のおもちゃを投げちゃった！

最近の太郎くんはおもちゃを片づける際に、おもちゃ箱に投げ入れることが続いています。今も太郎くんが電車のおもちゃをおもちゃ箱に投げ入れたのでママが注意しようとしているところです。

では、太郎くんに代わりの行動を伝えてください。どうぞ。

こう言えたらOK!

「おもちゃはおもちゃ箱にそっと置いてね」
「おもちゃを片づけるときは、おもちゃ箱に置いてから手を離してね」

「青カード」のためのヒント

「ほめる」にはポイントが3つあります。

●ポイント1　ほめる対象となる行動は「普通の行動」

練習で出てきた「おもちゃをおもちゃ箱に投げ入れる」という問題行動に対して、ママが提示した代わりの行動は「おもちゃはおもちゃ箱にそっと置く」ということでした。

では、みなさんに質問です。「はい」か「いいえ」で即答してください。

質問　みなさんが引き出しや戸棚に物を片づけるとき、物を投げ入れたりせず、そっと置くことは「すばらしい行動だ」と思いますか？

まあ、ほとんどの人の答えは「いいえ」ですよね。なぜって、物を片づける際にそっと置くのは普通のことだから。

そしてここに、「叱ってばかりになる罠」があるんです。

まず、よくよく考えてみると、私たちが子どもを叱る、注意するのは、普通のことができていないときです。椅子の上で跳ねる、鼻水を手の甲で拭く、悪いことをしても謝らない、などなど。

そして、私たちが子どもに教えるのは、普通の行動です。椅子の上では座るんだよ、鼻はティッシュでかむんだよ、悪いことをしたら謝るんだよ、と。「こういうふうにするとうまく生きていけるよ」と教えたいわけです。
問題行動の反対は望ましい行動です。そして、望ましい行動というのは、すばらしい行動ではなくて、普通の行動です。

大事なことなのでもう一度。

問題行動の反対の行動 ＝ 望ましい行動 ＝ 普通の行動

だから、「普通の行動」がほめる対象になります。特に、子どもが問題行動をして、私たちが子どもに代わりの行動（＝普通の行動）を教えたのであれば、その普通の行動ができたときにはほめていきたいわけなんです。

けれども、普通の行動は普通であるがゆえに、親御さんにとっては認識しにくくスルーしがちです。

先ほどの例でいえば、ママが太郎くんにおもちゃの片づけ方を教えたことが功を奏して、太郎くんがおもちゃを投げずにおもちゃ箱に片づけていたとしても、ママはうっかりスルーしてしまう可能性は十分にイメージできますよね。

一方で、子どもの問題行動はこちらが意識していなくても、目に入ればすぐに認識できます。見た瞬間にカチンときて、速攻で叱ることができます。

その結果として、ほめる頻度は低く、叱ってばっかり、となっていきます。

でも実は、ほめることは簡単です。普通のことをほめるだけです。

問題行動に対して代わりの行動を教えたのであれば、その行動ができたときに「〜できたね」とほめれば、それでＯＫなんです。

●ポイント2　望ましい行動はたいていの場合、すでにたくさん起きている

たとえば、太郎くんが車の2列目のシートに座っているときに前の運転席を蹴るという問題行動をよく起こし、ママがそのたびに「何度も言わせないで！　運転の邪魔になるでしょ！」と赤カードで怒っているとします。

まあ、よくありますよね。何度もされれば、そりゃあイラつきます。それは仕方ない。

では、ここで確認です。太郎くんに提示したい代わりの行動は何でしょうか？

さっと浮かびましたか？　筆者の案は「足を下ろして座る」です。これも普通のことですね。

では、今の「運転席を蹴る」という問題行動を起こす場面について、ちょっとイメージしてみてください。

- ママと太郎くんは車に乗って、車が走り出しました。太郎くんはまだじっとしています。
- 太郎くんは飽きてきて、ママのいる運転席をリズムよく軽く蹴りはじめました。
- ママに何回か注意された太郎くんは、運転席を蹴るのをやめて窓の外を見ています。
- 太郎くんが再び運転席を蹴ってママに注意されて、蹴るのをやめました。
- 目的地に着いて、ママと太郎くんは車を降りました。

どうです？　想像できましたか？　ここで重要なのは、今イメージしていただいた太郎くんは、乗車中１００％運転席を蹴り続けていたのか、ということです。

答えはＮＯですよね。

状況にもよりますが、「ずーっと問題行動をし続ける」とか、「毎回１００％、問題行動を起こす」というのは結構難しいことなんです。

では、問題行動を起こしていないときは何をしているかというと、「普通の行動」をしているわけです。しかも、**問題行動を起こしている時間はほんの一部で、大半の時間は普通の行動をしていたりします。**

今の例でも、太郎くんは車に乗った直後はじっと座っていました。途中で運転席を蹴ることが何度かありましたが、それ以外の「蹴っていない時間」もたくさんあるわけです。

つまり、親の視点では問題行動がいやでも目につくので、問題行動ばかり起きているように見えるけれど、実は問題行動の反対となる普通の行動はすでにできているし、なんなら普通の行動のほうが発生頻度が高かったりするわけです。

ほめるチャンスはいっぱい転がっているんですよってことなんです。

くどいようですが、もう一度なぞりますよ。「運転席を蹴る」という問題行動へのアプローチを考えるとき、その反対の行動である「足を下ろして座る」がほめる対象となります。

そして、親御さん視点では「何度言っても運転席を蹴ってムカつく！」と思えるものの、実際には、望ましい行動である「足を下ろして座る」はすでに起きているし、「運転席を蹴る」よりも高頻度で起きている。

意識して見れば、ほめて肯定的にしつけをするチャンスはいっぱいあるんですよー、ってことなんです。

●ポイント3　ほめることで問題行動は減る

先ほどの太郎くんの「運転席を蹴る」という問題行動への対策として、太郎くんが「ママに言われたから足を下ろして座っているところ」や、「ただぼーっとして足を下ろして座っているところ」をたくさんほめていくとします。ほめられれば、その行動が増える可能性は少し上がります。

そして、もし狙いどおり「足を下ろして座る」という行動の頻度が上がると、相対的に「運転席を蹴る」という問題行動は減ることになります。

なんと、普通の行動をほめることで、問題行動を減らしたり、親御さんが叱る・どなる頻度を下げることができてしまうんです。

問題行動を直接消し去るのではなくて、すでにある普通の行動を増やして置き換えていくイメージです。

この「ほめることで間接的に問題行動を減らす」ということに慣れてくると、子どもへの対応はいくらかラクになります。そして、「叱るアプローチだけで問題行動を減らしていく」という対応は、実は難易度が高いってことに気がつきます。

ポイント1、2、3をまとめて考えると、ほめるしつけって、普通のことをほめればいいから機会はいっぱいあるし、ほめることで問題行動も減るし、ラクで効率がよくておいしいアプローチですよ、となります。

ここまでの話から、「叱る」と「ほめる」はどちらも子どもの望ましい行動を増やすという目的は同じですが、どちらに力を入れるといいかっていうと、「ほめる」になります。

叱る・注意する・諭すことも大事だし、「ちはっさく」ではその練習もいっぱいしますが、ドライに効率重視で考えると、叱る場合も含めて、青カードを使って子どもに肯定的にかかわって、望ましい行動ができる可能性を高めて、とにかくほめて終わる形にいかに持っていくのかということが大事になってきます。

もちろん、「ほめればすべてがうまくいきますよー」なんて言うつもりはないです。ほめても変わらないこともありますし、ほめたことで子どもが調子に乗って余計なトラブルが起きることもあります……。

そんなときは、ほめる子育てをしている自分を誇りに思いつつ、上手に気分転換をしてバランスを保っておいてくださいね。

こんなとき何と言う？ 10

またカートの車庫入れごっこがはじまった……

スーパーで太郎くんがカートを押す係をしていました。ママが商品を選ぼうと太郎くんに背中を向けている間に、太郎くんはカートで車の車庫入れごっこをはじめてしまい、ママが振り向いたときにはほかのお客さんが太郎くんの脇を慎重にすり抜けようとしているところでした。

ママはお客さんに謝りつつ、太郎くんにママを待つ間はその場でじっと待っているように伝え、その場でささっと一緒に練習もしました。

では、ここで問題です。明日以降、太郎くんがスーパーでカートを押す際に同様のトラブルを起こさないようにほめるアプローチをする場合、太郎くんのどのような行動をほめればいいでしょうか。

ママを待つ間、カートを動かさずにじっと待っていること

「青カード」のためのヒント

ママが太郎くんに教えたことそのまんまですね。ママに言われたことを覚えていても、たまたまボーっとしていただけでも、ママが教えたとおりのことができていたのならとにかくほめていきます。

カートで遊んでしまったのであれば注意しますが、力を入れていきたいのは、「カートを動かさずにじっと待っている」という普通の行動を増やすためにほめていくことのほうです。

6 基本カードの確認問題

それでは、ここまでの5つの基本カードのおさらい問題をちゃちゃっとこなしてみましょう。

大丈夫ですよ。完璧な正解を求める必要はなくて、「こんな感じかなあ」というレベルの内容でいいので、**声を出して練習できればOKです。**

スポーツや楽器の練習と同じで、練習すれば何かしら上達するものです。

練習タイム！

こんなとき何と言う？ 11

「座りたい！」と大声で連呼する太郎くん

ママと太郎くんはフードコートへ行きました。昼時で少し混んでいましたが、数分待てば席があきそうだったので、立って待つことにしました。

しかし太郎くんは、1分も経たないうちに「座りたい！」と大声で連呼しはじめました。

練習 11－1

まずは、「座りたい！」と大声で連呼する太郎くんに、シンプルに次の順番で対応してみてください。

［気持ちに理解を示す（共感）］→

［代わりの行動］→

こう言えたらOK！

［気持ちに理解を示す（共感）］そうだねー、早く座りたいねー。

［代わりの行動］待っている間、どのごはんを注文するかをママと話していよう。

「青カード」のためのヒント

代わりの行動にはいろんな選択肢があるので、ぱっと浮かんだものでいいですよ。『座りたい』って言うのはいいんだけど、声の大きさは今ママが話している大きさだよ」とか、「暇なときはしりとりをしよう」とかでもＯＫです。

それと、今のような場面では子どもが代わりの行動を少しでも続けられればほめて、その行動が長続きしなくても仕方ないと思っておいたほうがいいです。

「挨拶をする」みたいな単発の行動であれば簡単ですが、「順番が待ちきれないなかで、代わりの行動を続ける」というのはなかなか難しいものです。

もう１つおまけで、「眠い・疲れた・おなかが減った」といった状況だと大人でも不機嫌になったりするくらいですから、子どもであればなおのこと難しくなります。

子どものせいではなく、「そういう環境がいけないんだ」と環境さんのせいにしておくと気がラクです。

練習 11－2

「『座りたい！』と大声で連呼する太郎くん」の設定をもう一度使います。

今回は「練習11－1」とまったく同じ場面設定で、丁寧に対応するバージョンをやってみてください。

［気持ちに理解を示す（共感）］↓
［環境をつくる］↓
［代わりの行動］↓
［一緒にやってみる］↓

こう言えたらOK！

［気持ちに理解を示す（共感）］座りたいよね、わかるよ。

［環境をつくる］（しゃがんで目線を合わせる）

［代わりの行動］「座りたい」って言うときは、今ママと話しているのと同じ大きさの声で言ってね。

［一緒にやってみる］じゃあ、ママに言ってみて。

「青カード」のためのヒント

これで太郎くんがママに言われたとおりできれば、いったんはほめて終われますよね。

では、「事前の対応」の練習もしましょう。これまでは、太郎くんの問題行動が起きた後にする対応（事後の対応）の練習をしてきました。

「事前の対応」では、「この後、問題行動を起こしそうだなあ」という場面で先手を打って青カードを使います。やることはこれまでと同じで、タイミングが「問題行動の起きる前」という点だけ異なります。さっそくやってみましょう。

練習 11-3

最近、太郎くんは外食時に席があく時間を待ちきれずに、「座りたい！」と大声で連呼する問題行動が続いています。

今日も、いつものフードコートでごはんを食べようと入口付近まで行きましたが、ママは「お昼ごはんの時間帯なので少し待つことになり、太郎くんがまた『座りたい』を連呼するだろう」と予想しました。

そこで、「事前の対応」をしておきます。フードコートの入口に入る前に、太郎くんに「席があくのを待つ間、『座りたい』と大声で連呼するのではなく、どのように行動すればよいか」を教えてあげてください。

［環境をつくる］↓
［代わりの行動］↓
［一緒にやってみる］↓
［ほめる］↓

こう言えたらOK！

［環境をつくる］太郎くん、ちょっといい？（しゃがんで目線を合わせる）

［代わりの行動］この後、席があくのを待つことになるけど、待っている間は「座りたい」って何度も言うんじゃなくて、ママと楽しくしりとりをして待っていてね。

［一緒にやってみる］じゃあ、ここで少しだけしりとりの練習をしておこう。

（しりとりを少しする）

［ほめる］そうそう、できてるね。この後、待ってる間もしりとりをしようね。

「青カード」のためのヒント

親御さんは子どもの問題行動のパターンをけっこう熟知していて、「うわー、この状況だとまた『座りたい』って騒ぐんだろうな」と思っていたりするんですが、特に対応をしないまま突っ込み、案の定、子どもが問題行動を起こして、「何度同じことを言わせるの！」となったりしがちです。

それだけ予想できるのであれば、事前に対応をしておいたほうがお得です。

事前に対応するのであれば、まだ問題行動は起きていないので親子ともにフラットに話ができますし、その後で子どもがうまく行動できる可能性が上がるので、結果的にほめて終わる可能性も上がります。

子どもが問題行動を起こして叱って終わるのと、子どもが望ましい行動をしてほめて終わるのは、しつけの方向性は同じですが、どっちがラクで効果的かというと、そりゃあほめて終わるほうがおすすめです。

なので、青カードは事前の対応で使うといっそう効果が高いということを、ぜひ覚えておいてください。

練習 11－4

「練習11－3」の続きです。太郎くんに「待っている間はしりとりをしていよう」と伝え、実際に席があくまでの数分間、楽しくしりとりをして待つことができました。ママは怒らずにすんだことにホッとしながら、太郎くんと席に座りました。

では、とても丁寧に太郎くんをほめてみてください。

［環境をつくる］ ↓

［ほめる］ ↓

こう言えたらOK！

［環境をつくる］ねえねえ、太郎くん！（手をつないで目線を合わせる）

［ほめる］約束どおり、楽しくしりとりをして待てたね！　太郎くん、最高だったよ！

こんなとき何と言う？ 12

水の出るボタンを押したい、けど押さない

フードコートの席が取れたところで、ママと太郎くんは近くにある給水機に水を取りに行きました。

太郎くんが「ボタンを押したい」と言うので、ママはコップをセットして、太郎くんを抱っこして持ち上げました。しかし、太郎くんはうれしそうにボタンを眺めて、なかなかボタンを押しません。

練習 12－1

ここでいったん息抜きしましょう。優等生風な対応ばかりしていると疲れちゃいますよね。

この場面で、ママはイライラして、うっかり赤カードでガツンといってしまったとします。

さあみなさん、いつもどおり、気持ちよく叱ってあげてください。どうぞ。

こう言えたらOK！

「ねえ！ 早くしてよ！ 待たせないで！ なんで早く押さないの？ 何がしたいの？」

「青カード」のためのヒント

まあ、赤カードは普段から使い慣れているのですらすら出せますよね。「ちはっさく」の講座の中でも、赤カードを使ってみるタイミングが、受講者さんたちの顔が一番生き生きしている時間だったりします（笑）。

練習 12-2

では、ここから本番です。

ママが抱っこしているのになかなか給水機のボタンを押さない太郎くんに、シンプルに「代わりの行動」を伝えるとしたら、何と言いましょうか。どうぞ。

［代わりの行動］

↓

こう言えたらOK！

［代わりの行動］**ボタンを早く押して。**

練習 12-3

太郎くんがなかなか給水機のボタンを押さないので、ママはいったん太郎くんを床に下ろしました。

今日のママは気持ちにとても余裕があったので、太郎くんに、抱っこされたらすぐにボタンを押すように話します。次の順番で対応をしてみてください。

[環境をつくる] ↓

[気持ちに理解を示す（共感）] ↓

[代わりの行動] ↓

[一緒にやってみる] ↓

[ほめる] ↓

こう言えたらOK！

［環境をつくる］（しゃがんで目線を合わせる）

［気持ちに理解を示す（共感）］ボタンを押せるのがうれしかったのはわかるよ。

［代わりの行動］でね、ママも抱っこしていると疲れるから、抱っこされたらすぐにボタンを押してほしいんだ。

［一緒にやってみる］じゃあ、今からやるよ。

（太郎くんを抱っこして、ボタンを押させる）

［ほめる］すぐにボタンを押せたね。

袖から腕を抜いて袖をブラブラ

フードコートシリーズの最後です。

太郎くんはうどんを食べました。食べ終わって暇になったところで、長袖のTシャツの袖から腕を抜いて、空になった袖をブラブラさせていたところ、袖がどんぶりに入りそうになりました（ギリギリセーフでした）。

太郎くんは空気を察してママに叱られる前に、「手がすべっちゃった」と謎の言い訳を述べました。

練習 13－1

まずは、その場での事後の対応をお願いします。

［気持ちに理解を示す（復唱）］↓
［代わりの行動］↓
［一緒にやってみる］↓
［ほめる］↓

こう言えたらOK！

［気持ちに理解を示す（復唱）］**手がすべっちゃったか、そうかそうか。**
［代わりの行動］**袖に腕を通して。**
［一緒にやってみる］**今、やってみて。**
［ほめる］**できたね、それが正しい服の着方だよ。**

練習 13－2

次は「事前の対応」の練習です。

先ほどの「袖から腕を抜いて袖をブラブラ」は、外食で太郎くんのテンションが高くなり、ごはんを食べ終わって暇になったタイミングで起こりがちです。今日もフードコートに来て、お気に入りの温泉卵入りのうどんを食べようとしている太郎くんを前に、ママはこの後、また袖ブラブラをされたら困るなあと思いました。

では、「いただきます」をする前に袖ブラブラが起きないよう、事前の対応をしてみてください。

[環境をつくる] ↓

[代わりの行動] ↓

[一緒にやってみる] ↓

[ほめる] ↓

こう言えたらOK！

［環境をつくる］太郎くん、ちょっとこっちを見て。

［代わりの行動］ごはんを食べ終わったら、袖には腕を通したまま座っててね。

［一緒にやってみる］それってどうやるのか、今やってみせて。

［ほめる］できるじゃん、ばっちりだよ。

練習 13-3

「練習13-2」の続きです。ごはんを食べ終わった太郎くんは、無事、袖に腕を通したまま座っていられました。

すかさず、ほめてあげてください。

［ほめる］

↓

こう言えたらOK!

［ほめる］太郎くん、約束どおり、袖に腕を通したまま座ってるね。

こんなとき何と言う？ 14

素っ裸でドアノブにぶら下がって（ふたたび）

この本の最初のほうに出てきた事例を使います。

太郎くんは風呂上がりにママが体を拭こうとしても逃げ回り、ママがイライラしながら注意をしても笑って逃げ出し、トイレのドアノブに素っ裸のままぶら下がりました。そしてバキッと音がしたドアノブは、微妙に斜めにゆがんでしまいました。

ママは「何やってんのよっ‼」と叫びながら、濡れた床を歩いて太郎くんに近づいて……。

練習14―1

まずは、ママが奇跡的に冷静さを取り戻せたという非現実的な設定で対応をしてみましょう。

ママは「何やってんのよっ!!」と叫んだものの、太郎くんのそばに歩いていく間に冷静な状態になったとします。

では、対応してみてください。

[環境をつくる] →

[気持ちに理解を示す(共感)] →

[代わりの行動] →

[一緒にやってみる] →

[ほめる] →

こう言えたらOK！その1

［環境をつくる］（そばまで行ってしゃがむ）

［気持ちに理解を示す（共感）］楽しくなって、ふざけちゃったんだよね。

［代わりの行動］ドアのノブはぶら下がるんじゃなくて、ドアを開けたり閉めたりするのに使うんだよ。

［一緒にやってみる］壊れてるかもしれないけど、一度ドアを開けて、閉めてってしてみて。

［ほめる］そうそう。そうやって使うんだよね。

［環境をつくる］（太郎くんを脱衣所まで連れていき、二人で床に座って目線を合わせる）

［気持ちに理解を示す（共感）］まあさ、追いかけられると逃げたくなるのはわかるよ。

［代わりの行動］それはわかるんだけど、お風呂から出て、ママがタオルで体を拭く間はじっとしていてね。いい？

［一緒にやってみる］じゃあ、1回やってみるよ。お風呂場に一度入って。そこから歩いて出てきて止まって。はい、タオルで拭くよ。

［ほめる］そうそう。拭く間、じっとできたね。

「青カード」のためのヒント

今回のように問題行動が連続した場合は、思わず全部の問題行動について触れたくなりますが、そうすると話のボリュームが増えてしまい、子どもの理解度は怪しくなります。

なので、基本的には1つの問題行動にターゲットを絞って、シンプルに話すことをおすすめします。

しつけの機会は日常生活の中でたくさんあるので、その場で全部の問題行動をつぶしておかなくても、あとでいくらでも対応可能です。

練習 14－2

今回は意地悪問題です。

「こんなとき何と言う？」14の状況で、ママは怒りながら太郎くんのそばに近づいていって、まずは赤カードをいくつか使います。その後、「あー、これは後悔するパターンだ」と気づいたママは、対応を赤カードから青カードに切り替えるとします。

順を追って進めましょう。

まずは、ママは怒りながら太郎くんのそばに近づきました。

はい、自然体で赤カードで話をしてみてください。どうぞ。

こう言えたらOK!

「何してんの！　ねえ！　ドアノブが壊れちゃったでしょ！　いい加減にしてよ！」

「青カード」のためのヒント

次に、「これは後悔するパターンだ」と気づいたママは、対応を赤カードから青カードに切り替えます。

さあ、最初の青カードは何を使いましょうか？　どれがよさそうですか？

と、意地悪はここまでにして、今のような思わず赤カードを使ってしまって、そこから青カードに切り替える場合、これまで練習していただいた５つの青カード（基本カード）では対応が難しかったりします。

怒ってガツーンといってしまったのに、急に落ち着いたトーンで「楽しくなってドアノブにぶら下がっちゃったんだよね、わかるよ」なんて言うのは難しいですよね……。

というわけで、次の章で練習していただく「逆転カード」の出番となります。

第2章

カチンときてドッカーン！を減らそう

――3つの逆転カード

ここまでに練習していただいた基本カードと、これから出てくる逆転カードの特徴は次のとおりです。

○基本カード

子どものしつけをする際に使う頻度が高い基本的な対応方法です。

基本カードを使うことで、子どもとの肯定的なコミュニケーションを増やすことができ、その結果として、親子関係が少しよくなったり、親御さんに自信や余裕がちょっと生まれたりします。

それらの日々の積み重ねがあると、親御さんがイライラ・激怒する場面でもどうにか対応できる可能性が上がっていきます。

難しい場面だと基本カードだけで対応するのは厳しいので、「逆転カード」とセットで対応します。

○逆転カード

「基本カード」とセットで使います。親御さんが子どもの問題行動にカチンときてドッカーン！となりそうな場面で、どうにか青カードを使って肯定的なコミュニケーションを進めるための切り札です。

逆転カードの使用に慣れてくると、日常の些細な注意をする場面でも効果的に使えるようになり、対応の幅が広がります。

でも、練習しないとなかなか使いにくいです。だからこの後、みなさんにたーくさん練習していただきます。

では、ここから3つの逆転カード、「待つ」「落ち着く」「聞く・考えさせる」の練習に入ります。

1

「待つ」

「1、2、3、4、5」

やることは簡単。ただ待つだけです。とりあえずいったんストップする、何も言わずに待つ、というだけです。

待っている間は無になっていてもいいですし、「この後、どうやって話をしようかなあ」と考えてもいいです。待つ時間は実際には数秒から数分になりますが、この本の練習では「1から5までゆっくり数える時間」を「待つ」としておきます。

「待つ」は、子どもを注意するときや催促するときに使います。特に、子どもが言うことを聞かない、反抗してきた、親御さんがイラっとした、どう対応すればいいか困った、というときにおすすめです。

そんなときに、ほかの青カードを切る前にいったん待ちます。ただ待つだけなのに、いくつかのお得な効果があります。「待つ」は説明するより、実体験をしていただいたほうが早いので、いきなり練習に入りましょう。

練習タイム！

こんなとき何と言う？ 15

おもちゃ売り場での「あるある」

おもちゃ売り場でおもちゃを見ていた太郎くんに、ママが「太郎くん、帰るよ」と声をかけたところ、太郎くんはチラッとママを見て、またおもちゃを見はじめました。

では、「待つ」を使った対応をお願いします。

ママ「帰るよ」
太郎「(ママをチラッと見て、おもちゃに視線を戻す)」
ママ〔待つ〕↓
ママ〔気持ちに理解を示す(共感)〕↓
ママ〔代わりの行動〕↓
太郎「いやだ」
ママ〔待つ〕↓
ママ〔代わりの行動〕↓
太郎「………。しょうがないなあ」(ママのところに来る)
ママ〔ほめる〕↓

こう言えたらOK！

ママ「帰るよ」

太郎「（ママをチラッと見て、おもちゃに視線を戻す）」

ママ［待つ］（しょうがないなあ。1、2、3、4、5。さて、何て言おうかな）

ママ［気持ちに理解を示す（共感）］「まあ、まだおもちゃを見たいんだよね」

ママ［代わりの行動］「もう帰る時間だから帰るよ」

太郎「いやだ」

ママ［待つ］（1、2、3、4、5。帰ったらごはんは何をつくろうかなあ）

ママ［代わりの行動］「はい、じゃあ、そろそろ帰ろう、手をつなぐよ」

太郎「………。しょうがないなあ」（ママのところに来る）

ママ［ほめる］「おお、わかってくれてありがとう！」

「青カード」のためのヒント

どうでしたか？　何となくイメージはつかめましたか？
「待つ」の効果は次のとおりです。

① 子どもに「気持ちを切り替える時間」を与えられる

子どもは子どもなので、切り替えるのに時間がかかります。今回の例でいえば、太郎くんは「帰るのが正しいのはわかっている……、でも……、まだ見たい」と葛藤があったかもしれません。そして、その葛藤を乗り越えるにはいくらかの時間が必要だったりします。

逆にいえば、いくらかの時間があれば、太郎くんは自分から「帰る」という行動をして、親御さんはほめて終われるかもしれないわけなんです。

でも、日常生活の中でこういった場面に出くわすと、親御さんとしては「毎回、同じことを言わせないで！　早くして！」という思いが前に出て、時間を与えるどころか、矢継ぎ早の催促をしてしまうんですよね。
たとえば、こんな感じです。

●矢継ぎ早の催促をする例

ママ「帰るよ」
太郎「（どうしようかな、帰る時間なのはわかるけど……）」
ママ「（カッチーン！　なんですぐに言われたとおりにしないの！）」
ママ「早くしてよ！　帰るよ！」
太郎「いやだ！」
ママ「何言ってるの！　じゃあ一人で帰りなさいよ！」
太郎「いやだぁぁぁ！」
ママ「うるさいわねぇ！　甘えるんじゃないよっ！」

恐ろしいですねえ……。親御さんが待ちきれずに追撃してしまい、太郎くんが葛藤を乗り越える時間もつぶしてしまいました。

客観的に見ていると、矢継ぎ早の催促は今のような感じで、不幸な結末になるべくしてなっていくんですよね。

そして大事なポイントとしては、子どもが望ましい行動をできてほめられるのか、問題行動を起こして叱られるのか、その分岐点を決めているのはなんと親御さんだった、というパターンも結構あるんですよ、ってことなんです。

もちろん、毎回待ったからといってうまくいくわけでもないですが、「ひょっとしたら数秒待ったらうまくいく未来があるかも」「1分先には宝が落ちてるかも」と少し待ってみると、投資としての見返りは意外に大きいものです。

だって、うまくいってほめるのと、子どもが反抗するのを叱りつけるのとでは、負担感とか親の自己肯定感とか、全然違ってくるじゃないですか。

あと、「待つ」を使うときは、数分捨てるつもりで待ちはじめると、予想外にほんの数秒で片づいてしまい、いい意味で肩すかしになることもしばしばあります。

② 子どもへの対応を考える時間をつくることができる

子どもを叱るときって、結構速いテンポで会話を進めてしまいがちで、途中で親御さん自身も「あれ？ ひょっとしてこういうことかな？」と疑問を持ったとしても、自身の勢いを止められずに突き進んじゃったりしますよね。

それで、後になって「子どもの話を聞いたほうがよかったかな」とか、「あの言い方はまずかったな」と後悔したりして。

これが、「待つ」を使えばいくらかは防げるようになります。

会話の出だしでも、途中でも、堂々と会話をストップさせて無言で待つことに慣れてしまえばいいんです。

待つことさえできれば、「子どもにどう言って伝えようかな」とか、「子どもなりの理由ってあったのかな」とか考えることができるようになります。特に、子どもの問題行動や逆ギレ的な態度にカチンときたときなどは、「とりあえず、いったん待つ」ができると、親御さんはその後の対応に少し余裕が生まれるのでおすすめです。

③ 子どもの問題行動に話を特化でき、話がブレずにすむ

青カードの組み立てを「待つ」→「代わりの行動」→「待つ」→「代わりの行動」と繰り返すと、そのときに話のターゲットにしている問題行動の1点に話を集中させることができます。これは結構、重要なことだったりします。

さっきの場面のまずい例として、

ママ「帰るよ」
太郎「もう少し見たい」
ママ「いつも言ってるでしょ、夕ごはんが遅くなるの」
太郎「遅くなってもいいよ」
ママ「みんなが困るでしょ、太郎くんだって寝る前の絵本タイムがなくなるよ」
太郎「じゃあ、ごはんを食べなきゃいいじゃん」

ママ「はあ？　食べないと大きくなれないよ！　そんなこと言うなら、ごはんをつくらないよ！」
太郎「大きくならなくていいもん！　ごはんなんていらない！」
ママ「がおおぉぉぉ！！！」

というふうに、親御さん自ら話がそれることに乗っかってしまうなんてこともありがちですよね（もともと、早く帰ろうという話のはずでした）。

これがなんと、「待つ」→「代わりの行動」のセットでいくと、淡々と同じことについて話すだけなので、ブレずに話を進めることができるんです。

④「親として譲らない姿勢」を示すことができる

子どもが自分の問題行動の正当化やわがままな要求のゴリ押しをしてきたときに、親御さんとしては「ここは毅然とした態度が必要だ、譲らない姿勢が大事だ」と思って強めの脅しや罰での対応を続けた結果、近隣や所属から通報されてしまうというパターンは、実は虐待相談でもありがちなことです。

譲らない姿勢をとろうとしたのはよかったんですが、手段がいけてなかった、みたいな。

これも、「待つ」→「代わりの行動」のセットを淡々と続けるだけで対応が可能だったりします。

講座の中で子ども役をするとわかるのですが、ロールプレイの際に子ども役として駄々をこねても、親役がブレずに、そしてガミガミ言わずに、淡々と代わりの行動の一点だけを話してくると、「ああ、この人はブレなそうだから、駄々をこねても無理だな」と思えるときもあるんです。

つまり、大声を出したり、脅したり、叩いたりしなくても、「待つ」を有効に使うことで、「親の譲らない姿勢」を示すことができるわけなんです。

こんなとき何と言う？ 16

大好きな電車のおもちゃを……

ママは夕ごはんをつくりました。太郎くんはリビングで電車のおもちゃで遊んでいます。ママは太郎くんのそばまで行って、ごはんを食べるから電車のおもちゃを片づけるよう伝える場面です。

ここで、ママ役のみなさんにしていただくのは次の対応です。

① 太郎くんに「電車を片づけて」と代わりの行動を伝える。

② 太郎くんが口答えをするので待つ
（「1、2、3、4、5」と心の中で数えて待つ）。
③ 「待つ」が終わったら、再度「電車を片づけて」と伝える。
④ ②〜③を何回か繰り返す。
⑤ 最後に太郎くんがしぶしぶ電車を片づけたら、自分から片づけができたことをほめる。

注意点として、今回の太郎くんはとても賢く口答えや質問をしてきます。思わず太郎くんの話に引っ張られそうになりますが、淡々と「片づけて」↓（「口答え」↓）「待つ」を繰り返してください。

では、はじめましょう。ママは太郎くんのそばまで行って、してほしいことを伝えるところからスタートです。どうぞ。

ママ［代わりの行動］↓
太郎「なんで片づけないといけないの？　片づけなくてもいいじゃん！」

ママ［待つ］↓
ママ［代わりの行動］↓
太郎「ママだって、ソファーに服とかバッグとか置きっぱなしのときあるじゃん！」
ママ［待つ］↓
ママ［代わりの行動］↓
太郎「今日のごはんは何？　まだお腹減ってない！」
ママ［待つ］↓
ママ［代わりの行動］↓
太郎「回転寿司ならいいよ！　うちのごはんより回転寿司のほうがおいしいもん！」
ママ［待つ］↓
ママ［代わりの行動］↓
太郎「……」（しぶしぶおもちゃを片づける）
ママ［ほめる］↓

こう言えたらOK!

ママ［代わりの行動］「太郎くん、電車を片づけて」
太郎「なんで片づけないといけないの？　片づけなくてもいいじゃん！」
ママ［待つ］（1、2、3、4、5）
ママ［代わりの行動］「電車を片づけて」
太郎「ママだって、ソファーに服とかバッグとか置きっぱなしのときあるじゃん！」
ママ［待つ］（1、2、3、4、5）
ママ［代わりの行動］「電車を片づけて」
太郎「今日のごはんは何？　まだお腹減ってない！」
ママ［待つ］（1、2、3、4、5）
ママ［代わりの行動］「電車を片づけて」
太郎「回転寿司ならいいよ！　うちのごはんより回転寿司のほうがおいしいもん！」
ママ［待つ］（1、2、3、4、5）
ママ［代わりの行動］「電車を片づけて」
太郎「……」（しぶしぶおもちゃを片づける）
ママ［ほめる］「自分から片づけできたね」

「青カード」のためのヒント

さあ、いかがでしたか。太郎くんの口答えに巻き込まれずに、淡々と「待つ」↓「代わりの行動」で対応して、太郎くんが自分から片づけをする猶予を提供できたでしょうか。

やること自体は、「待つ」と「代わりの行動」を繰り返すだけなので簡単なはずなのですが、やってみるとなかなか難しいんですよね。

ちなみに、実際の講座では、今の練習は、「簡単だった」という少数派と、「難しかった」という多数派にはっきりと分かれます。難しいと思った人からは、たいてい次の2点についてコメントがあるので触れておきます。

① 太郎くんが質問をしてきているのに、無視してよいのか

正解はないのでこれだっていうものもないんですが、口答えではなく、本当に太郎くんが聞きたいと思っている質問であれば、答えるのは全然アリだと思います。

筆者だったら、答え方としては、その場で質問に簡潔に答えて、「電車を片づける」の話にすぐに戻る形か、その場では「その質問は後で答えるね」と伝えて、片づけが終わってから質問に丁寧に答える形かのいずれかで対応します。

② 無言の間に耐えるのがしんどい

これは………、慣れるしかないので練習をがんばりましょう。その場が沈黙になると居心地が悪くて、ついしゃべって間を埋めようとしてしまうんですよね。

まあ、みんな練習すればどうにかなるので、じゃんじゃん楽しく練習をしていきましょう。

こんなとき何と言う？ 17

えっ？　まさか砂糖を舐めてる……？

次は、「待つ」をさっと出す練習をします。今日のママは絶好調で、落ち着いて対応ができることにしておきます。とにもかくにも、「待つ」を最初に使ってください。待ってから、対応をじっくり考えましょう。

練習　17-1

ママは洗濯物を干してリビングに戻ると、台所のほうから不穏な気配を感じました。

ママが台所に行くと、太郎くんはママに背中を向ける形で、1kgの砂糖が入った入れ物に指を突っ込んで砂糖を舐めているところでした。
はいっ、対応をどうぞ。

[待つ]↓
[環境をつくる]↓
[気持ちに理解を示す（共感）]↓

こう言えたらOK！

[待つ]（1、2、3、4、5）
[環境をつくる]（そばに行ってしゃがんでみる）
[気持ちに理解を示す（共感）]うーん、砂糖を舐めてみたかったんだよね。

練習 17-2

ママがせっかく丁寧に環境をつくって共感までしているのに、太郎くんは顔を下に向けたままで、ママと目を合わせようとしません。はいっ、対応をどうぞ。

［待つ］
↓
［環境をつくる］
↓
［気持ちに理解を示す（共感）］→（顔を下に向けたままでいることについて）

［待つ］（1、2、3、4、5）太郎くん、ママのほうを見て。
［環境をつくる］
［気持ちに理解を示す（共感）］叱られそうだから顔を上げにくいんだよね、わかるよ。

練習 17－3

ママの丁寧なアプローチのおかげで、太郎くんが動きはじめます。太郎くんは座ったまま、体をママのほうに向けました。そのとき、太郎くんの膝に乗っていた砂糖の入れ物が転がり、床に砂糖の白いビーチができ上がりました。
はいっ、対応をどうぞ。

［待つ］　↓

［代わりの行動］　↓

［待つ］（1、2、3、4、5）

［代わりの行動］太郎くん、ママが片づけるまでじっと座ってて。いい？　そのままじっと座っているんだよ。

「青カード」のためのヒント

はい、お疲れさまでした。思わずいろいろな言葉が口から出かけたと思いますが、まずは「待つ」、できました？

とっさのときほど、「待つ」を先行させるというのは、後悔を避けるためにはなかなかよい選択肢となります。

毎回じゃなくていいですよ、できるときにできればそれでいいんです。たまにできて、うまくいって、「自分、最高！」と思えればそれで十分です。

ちなみに、先ほどのような場面設定は「現実的ではない」と疑問に思った人もいらっしゃるかと思いますが、あくまで効率よく練習するための場面設定なので流しておいてください。真面目に現実度の高い練習をしたら、「こんな場面だったら、自分はキレます。『待つ』どころではありません」で終わってしまいますから……。

あと、もちろん危険な場面や待っていると状況が悪化する場面では、「待つ」は使えません。使えるところで使ってください。

「待つ」について、「こんなとき何と言う?」15では「子どもへ催促する場面」、16では「子どもが口答えで抵抗する場面」、17では「突発的なトラブルが起きる場面」という3つの場面設定で練習をしてもらいました。

「待つ」は、ただ待つだけなのにいろいろな場面で使うことができて、子どもが問題行動を回避するチャンスをつくったり、親御さんが青カードで対応する状況をつくれたりするお得なカードなのです。

2

「落ち着く」

「スーハー、スーハー」

「落ち着く」ですることは簡単です。イラっとしたときに深呼吸をする、大きく息を吸って吐いてを2回する、それだけです。

深呼吸でなくても、水を飲んだり、ゆっくり数を数えたりして、怒っていることから意識を数秒そらすことができれば何でもいいのですが、いつでもどこでもできるお手軽さから、ここでは深呼吸での練習をしていきます。

「落ち着く」がさっと使えると、子どもの問題行動にカチンときてドッカーン！となる直前に、ギリギリ回避することができるようになります。

もし、ドッカーン！を回避できたのなら、その後はこれまでに練習してきた基本カードを使って肯定的なやり取りを進めていけば「逆転大成功！」となります。

……なのですが、この「落ち着く」の青カードはかなり特殊です。何が特殊かというと、「落ち着く」は子どもへの対応に困っている親御さんの需要がとても高いスキルでありながら、一方で「落ち着く」の効果はあまり信じられていない、という不思議なギャップがあるんです。

筆者が子育て系メディアの取材を受けるときに、編集者さんやライターさんに読者アンケートを見せてもらうと、「載せてほしい内容」の項目には、「親自身の感情のコントロール」のような内容がたいてい上位に入っています。

実際、アンガーマネジメント系の子育て講座も人気だったりします。需要があるわけなんですよね。

で、その需要を受けて、行政の冊子や、ネットの子育て情報系の記事には、「イライラしたら深呼吸しましょう」なんてことがよく書いてあるわけなんです。

ところが、筆者が講座の受講者さんたちに「今から深呼吸をして落ち着きましょうという練習をはじめますが、この深呼吸ネタについて、これまでの正直な印象をこっ

「深呼吸ネタは知ってはいるけど、やったことはない」「深呼吸をするだけで効果があるとは思えない」「わざとらしいから・恥ずかしいから深呼吸はしにくい」といった声をよくいただきます。

そこで、意識低い系の子育て練習講座「ちはっさく」がこのギャップを埋めるわけなんです。「落ち着く」の需要はあるし、専門家たちがいたるところで紹介しているんだから効果はある。

でも、うさんくさい・わざとらしい・恥ずかしい、だから実践はしない。

これはもったいない！　じゃあ、小難しい話は置いといて、とりあえず練習しておきましょう、ということになります。

実際にやっていただくとわかるのですが、深呼吸でスーハースーハーをした後だと、なぜだか青カードがすんなり出せたりするんです。

そんなわけで、練習をはじめましょう。

練習タイム！

こんなとき何と言う？ 18

なぜよりによって炭酸飲料を……

真夏に太郎くんを自転車に乗せて走っていたママは、とても喉が渇いたので自販機でお茶のペットボトルを買おうとしました。

自販機にお金を入れて、お茶のボタンを押そうとしたところ、太郎くんがふざけて勝手に違うボタンを押しました。出てきたのは炭酸飲料でした。

ママも太郎くんも炭酸は苦手です……。

ママはかなりイラっとしたけれど、「疲れるのは嫌だから軽く叱って終わらせよう」と思い、立ち止まることができました。

では、「落ち着く」（大きく深呼吸を2回）を使って対応をしてください。どうぞ。

［落ち着く］　↓

［環境をつくる］　↓

［代わりの行動］　↓

［一緒にやってみる］　↓

こう言えたらOK!

［落ち着く］　スーーハーー、スーーハーー

［環境をつくる］（しゃがんで太郎くんと目線を合わせる）

［代わりの行動］ママが自販機のボタンを押そうとしているときは、ママの横でじっと待ってるんだよ。

［一緒にやってみる］じゃあ、もう一度ママがお茶を買うから横でじっとしててね。

「青カード」のためのヒント

毎回こんなにうまくできなくていいですからね。「落ち着く」では聖人になることを目指したいのではなくて、「ギリギリ耐えられるかも……」という場面で深呼吸をして、どうにかドッカーン！を回避できたらいいですよね、っていうことなんです。

瞬間沸騰でドッカーン！となってしまうのはどうにもならないので、目をつぶっておきましょう。「落ち着く」で対応できるのは、「あー、これまずい流れだ」と自覚してどうにか戻ってこられるレベルまでです。

それと、今の場面で、深呼吸をせずに太郎くんとの会話を進める場合は、イライラしている勢いで赤カード方面のやり取りをはじめてしまい、そうなると親子ともに負の感情が積もっていき、会話のどこかでどちらかが地雷を踏んでドッカーン！となるリスクが高くなります。

●深呼吸しないで対応した場合（大げさな例）

太郎くんが勝手に自販機のボタンを押して炭酸飲料が出てきた。

ママ「（軽く叱って終わらそう）」

ママ「ねえ太郎くんさ、勝手に押したらダメってわかるよね？」（質問風の攻撃）

太郎「（何て答えよう）………」

ママ「ねえ、黙らないで」（否定形）

ママ「このジュースは炭酸だからママも太郎くんも飲めないよね。どうするのこれは？　持って帰るの？　ねえ、なんで勝手に押したの？」（質問風の攻撃）

太郎「（ダメだ、余計なことを言ったら叱られる）……」
ママ「ねえ、そういうのをやめて。おかしいってわかるよね？」（あいまい、質問風の攻撃、いやみ）
ママ「自分がおかしなことをしたんでしょ！　なんで黙ってるの⁉　何か答えなさいよ！　こういうときだけ都合よく黙らないで‼」（あいまい、質問風の攻撃、否定形、どなる）
太郎「……」
ママ「黙らないでって言ってるでしょ！！！！」（ドッカーン‼）

こんな感じで、イライラしていれば赤カードが出るのは自然な流れです。そして赤カードの流れになると、丁寧に話をしようとしてもなぜだか丁寧に赤カードを出してしまい、どんどん青カードが出しにくくなっていきます。

この流れを回避するには、最初に「落ち着く」です。

こんなとき何と言う？ 19

おもちゃを踏んじゃった

台所でママがおもちゃのブロックを踏みつけました。どうやら太郎くんがブロックで遊んで放置したようです。ママは怒って、リビングにいる太郎くんを呼んで注意します。

ママ「おもちゃは使い終わったら片づけてね。こうやって踏むと、おもちゃが壊れちゃうよ。去年のクリスマスにサンタさんにもらった大事なブロックでしょ」

太郎「えー、ママが片づけて」

はい、それでは、ママはかなりカチンときたけど、ギリギリセーフだったという設定で対応をお願いします。

［落ち着く］↓
［環境をつくる］↓
［気持ちに理解を示す（共感）］↓
［代わりの行動］↓

［落ち着く］スーーハーー、スーーハーー
［環境をつくる］（しゃがんで太郎くんと目線を合わせる）
［気持ちに理解を示す（共感）］めんどくさいって思っているのはわかったけど……。
［代わりの行動］まずは……、片づけをしてね。

「青カード」のためのヒント

深呼吸をしても怒りや動揺は0にはなりませんし、せっかく深呼吸をしたのにいろいろあった結果、ドッカーン！となってしまうことも十分にあり得ます。

それでも、深呼吸をすることでそうなる可能性をいくらか下げられることが結構大事なんです。ドッカーン！となると親子ともに疲れますし、次の日まで尾を引くこともあったり、時には夫婦喧嘩まで引き起こしたりして、なかなかしんどいですからね。

この本では、「深呼吸をすれば怒りがファーっと消えて、リラックスできて、すばらしい対応ができるようになります」なんてことを言っているわけではない、ということをぜひ押さえておいてください。

現実的な効果は少しですが、それでも十分にみなさんの助けとなりますから。

こんなとき何と言う？ 20

トイレが詰まっちゃった⁉

　自宅でママが太郎くんに呼ばれてトイレに行くと、トイレットペーパーが芯ごとトイレに詰まった状態でした。便器に水はたまっているものの、手で取り除けそうです。

　太郎くんの話によると、太郎くんはトイレットペーパーが溶けるのが楽しくて、思わず新品のトイレットペーパーを入れてしまったようです。太郎くんは、「トイレットペーパーが溶けないせいで詰まっちゃった」と他人事のように話しています。

では、一瞬キレそうになったけれど、ギリギリセーフだったママ役をお願いします。

[待つ]　↓
[落ち着く]　↓
[待つ]　↓
[代わりの行動]　↓

[待つ]（いったん待とう。1、2、3、4、5。まずは深呼吸）
[落ち着く]スーーハーー、スーーハーー
[待つ]（さて、どうしよう……。もう1回待っておこう。1、2、3、4、5。何て言おうかな）
[代わりの行動]太郎くん、次からはトイレットペーパーは使った分だけを流すんだよ。（さあ、片づけよう……）

「青カード」のためのヒント

今の例は、「待つ」と「落ち着く」の最強コンビでいきました。

親御さんがキレそうになってギリギリ耐えているときって、コップに満タンになった水がいつあふれてもおかしくないような状態なので、深呼吸だけでなく「待つ」も使いながら慎重に進めるという選択肢もあります。

あと、親御さんが落ち着こうとしても、問題を起こした子どもや、子どもがしでかした惨状が目の前にあると落ち着くどころじゃない場合もあります。

そういった場合、可能であれば親御さんが別の部屋に行くとか、子どもに離れてもらうとかするのもアリです。

必ずしも問題をその場で解決しなくてもよくて、落ち着いてから後でゆっくり話したほうがラクで確実ということもあります。

今の例でも、代わりの行動として、太郎くんに「ママがトイレを片づける間は、リビングで待ってて」と伝えて、太郎くんに離れてもらうのもよいと思います（これで片づけを終えたママがリビングに行ったら、太郎くんが超楽しそうにテレビを観てたら大爆発ですけどね。笑）。

いろんなところで紹介されている割にあまり実践されていない深呼吸ですが、講座で深呼吸を練習しまくった受講者さんのよくある感想としては、「休みの日は深呼吸をしっぱなしだった」とか、「深呼吸をするようになってから、家族から『ママ、深呼吸して』と言われることがある」「ほかの受講者の実践報告を聞いて、半信半疑で使ってみたら効果があった」などはおなじみだったりします。

そんなわけで、カチンときたら深呼吸！　練習あるのみ、というお話でした。

おまけ：深呼吸以外の方法だったら

「子どもの前で深呼吸はしにくい」「外出先で深呼吸するのは他人の目が気になる」という方向けに、深呼吸以外の落ち着く方法をご紹介しておきます。

①全力で冷凍庫の中身を思い出す

例：冷凍庫には、餃子と牛肉、鶏肉、うどんがある。あとは……、うーん、奥のほうに冷凍したカレーとシチューがだいぶ前からあって、あとはなんか魚の切り身があったなあ、何だっけ。

②全力で昨日、おとといのごはんを思い出す

例：昨日の夕ごはんは、チキンステーキに茹でたほうれん草と人参のグラッ

セを添えて、あとは……、卵わかめスープだった。昨日のお昼は、コンビニでおにぎりと五目野菜スープだったな。朝ごはんは食パンとコーヒーだから楽勝。おとといの夜？　えーと、何だっけ……。

③　全力で単純な計算を繰り返す

例：7の倍数を計算しよう。7、14、21、……、91、98、105、飽きてきた……、もういいかな。

どれがいいかというと、どれでもOK。

みなさんがやりやすいもの、本番でさっと使えたものがおすすめです。

3

「聞く・考えさせる」

「何があったの？」「次からはどうすればいい？」

最後に紹介するのは、「聞く・考えさせる」です。子どもに聞いたり、考えさせたりするために質問をします。

質問の内容は特別なものではなく、聞きたいことをシンプルに聞いていただければOKです。

大事なポイントは、子どもとの会話を青カードで進めていくために、親御さんの負の感情を乗せず、子どもを責めたりもせず、肯定的に質問をすることです。

（例）

①弟が泣いていて、おそらくお兄ちゃんが何かしたんだろうなあというとき

↓兄弟に何があったのかを聞く

②おもちゃの取り合いになって、お兄ちゃんが弟を叩いたということがわかったとき

↓兄弟に次からはどうすればよいかを考えさせる

「聞く・考えさせる」を肯定的に投げかけ、子どもの答えを受け止めて、以降のやり取りをほかの青カードにつないでいきます。

「聞く・考えさせる」でできることはいろいろありますが、使う頻度が高い＆おすすめの使い方は次の3点です。

① 状況の確認
② 理解度の確認
③ 行動の検討

使える範囲は、日常の些細なしつけから、ドッカーン！となりそうな緊張感の高いやり取りまでとても広く、また子どもとの良質なコミュニケーションを生み出しやすい最強のカードです。

……なのですが、一つ間違うと簡単に赤カードになってしまうリスクの高さもあるクセの強いカードです（その紙一重な感じが筆者は大好きです）。
どんなふうに使うのか、さっそく3点について練習しながら確認していきましょう。

まずは、①「状況の確認」からです。

練習タイム！

こんなとき何と言う？ 21

アイスを食べたのは誰だ⁉

太郎くんはお菓子やアイスをあるだけ食べてしまうので、食べるときはママの許可制になっています。あるとき、ママが知らないうちに、リビングのゴミ箱に太郎くんが好きなアイスの袋が入っていました。

状況から察するに、太郎くんがアイスをこっそり食べたのだと思われますが、今はまだ詳細はわかりません。

では、アイスの袋がどうしてゴミ箱にあるのかを太郎くんに聞いてみてください。太郎くんの回答に対して、「そうか、そうだったんだね」と返せるような肯定的な雰囲気で聞いてください。

こう言えたらOK！

「アイスの袋がゴミ箱にあったんだけど、太郎くん、何か知ってる？」
「太郎くんがアイスを食べたの？」

「青カード」のためのヒント

まずは状況を確認しないと話が進まないことって、いっぱいありますよね。今の例でいえば、たぶん太郎くんが食べたんだろうけれど、ひょっとしたらパパかもしれません。あと、太郎くんが食べたのだとしても、何かやむを得ない理由があったかもしれません。

状況を確認できれば、「ほめる」「注意する」「共感する」などのポイントがわかりますし、それらがわかれば青カードの組み立ても決まっていき、肯定的に諭したり注意したりすることができるようになります。

また、状況を確認していくと、一方的に叱る流れを回避することもできます。

今回の対応例を、状況の確認から注意するところまで続けると次のようになります。

ママ「聞く」「太郎くん、アイスの袋がゴミ箱にあったんだけど、何か知ってる？」
太郎「え？………」
ママ「待つ」（1、2、3、4、5）
ママ「もう一度待つ」（1、2、3、4、5）

太郎「アイス食べた……」
ママ［ほめる］「そうかそうか。正直に話せたのはいいことだね」
ママ［聞く］「太郎くんはアイスをこっそり食べちゃったの？」
太郎「食べた……」
ママ［気持ちに理解を示す（共感）］「そうかあ。まあ、食べたいのはわかるよ」
ママ［代わりの行動］「それでね、食べたいならママにまず言ってね、いい？」
太郎「わかった」

①「状況の確認」は、会話を青カード方向で進めるための大事な第一歩になります。

それと、たまにですが、叱る前に聞いておくと、親御さんの早とちりだったり、「まあ、そういう経緯ならしかたないか」と思えたりして、叱らずにすむこともあります。

でも、このシンプルな状況の確認って結構難しいんですよね。負の感情が乗っかると、即、赤カードになってしまいます。

ちょっと面白い練習をしてみましょう。

こんなとき何と言う？ 22

マ、ママの口紅が……、折れてる⁉

太郎くんは洗面所でこそこそと何かをしていました。ママが見に行くと、太郎くんはママの口紅を持って立っていました。床にはぽっきり折れた口紅の中身が転がっています。

ここでは、太郎くんに対して「どうして口紅が折れているの？」と聞く練習を2回してもらいます。

1回目は青カードの「聞く・考えさせる」として、肯定的に状況の確認をするスタン

スで聞いてください。

2回目は赤カードの「質問風の攻撃」として、責める口調で聞いてください。

1回目と2回目は親御さんのスタンスは正反対ですが、聞く言葉は「どうして口紅が折れているの？」だけです。同じ言葉だけど、口調を変えて、「肯定的に聞く」と「攻撃的に聞く」を使い分けてみてください。どうぞ。


こう言えたらOK！

・1回目：肯定的に聞く
「どうして口紅が折れているの？」
（明るく優しく、もしくは淡々とフラットに、落ち着いた口調で聞く。どんな答えが返ってきても、「そうかそうか、そうだったんだね」と受け止めて、青カードをつなげていくスタンスで話す）

・2回目：攻撃的に聞く
「どうして口紅が折れているの!?」

（怒った表情で、かつ強い口調で、責めるように聞く）

「青カード」のためのヒント

どうでしたか？　使い分けはできましたか？　文字にするとまったく同じですが、口調を変えるだけで意味合いは大きく変わるんですよね。

そしてこれが、「聞く・考えさせる」が難しい理由です。

落ち着いて肯定的に聞くことができれば、その後のやり取りでも青カードを組み立てていくことができ、しつけの成功率も上がり、親御さんも少しラクになれます。教育的効果も上がりやすくなります。

反対に、親御さんの負の感情を乗せて聞いてしまうと、赤カードの「質問風の攻撃」になってしまいます。「質問風の攻撃」は、体裁としては質問だけど実際の意味は非難で、子どもは親の質問に素直に答えても／答えなくても、どっちにしても叱られます。

「質問風の攻撃」は、ストレートに「どうして口紅が折れているの！」と攻撃的な質問を投げるほかに、次のようないろいろなパターンがあります。

・あいまい風味 → 「ママが何て言いたいかわかるよね！」
・いやみ風味 → 「口紅を折って、ママが困ってもいいと思ってるんだよね！」
・脅し風味 → 「人のものを壊すような子には誕生日プレゼントは買わなくていいよね！」

怖いですねー。イライラしているときは思わず言ってしまいますよね。

まあ、ちょっとでも青カードが増えればいいんですから、気にせずに練習を進めましょう。

そんなわけで、親御さんが子どもの問題行動への対応として質問を投げるとき、「聞く・考えさせる」と「質問風の攻撃」の違いはほんのちょっとなんです。

だから、「聞く・考えさせる」を使う際には、「今の自分は青カードとして話せるのか」と自問してみてください。

もし、負の感情が前に出そうであれば、その場では「聞く・考えさせる」を使うことは潔くあきらめてください。

無理に「聞く・考えさせる」を使おうとして結果的に赤カードになってしまって、親子ともに痛い目にあうより、あとで落ち着いた場面で「聞く・考えさせる」を使ったほうがラクで効率的だったりします。

付録の「ちはっさくカード」では、「聞く・考えさせる」は青カードのはずなのに黄色いカードになっていますよね。これは信号機のイメージで、青と赤の中間に位置していて、注意が必要だから黄色としているのです。

とにかくそれくらい「聞く・考えさせる」を使う際には注意が必要ですよってことなんです。うまく使えたときの効果はすばらしいんですけどね。

オレンジジュースに要注意

車での移動中に、太郎くんは後部座席で紙パックのオレンジジュースを飲んでいました。目的地に着いて、ママが運転席から振り向いて太郎くんを見たところ、太郎くんのTシャツがオレンジジュースだらけになっていました。

練習 23-1

では、青カードで対応していくために、

何があったのかを肯定的に聞いてみてください。

こう言えたらOK！

「ジュースがこぼれちゃったの？」
「Tシャツがジュースだらけになってるけど、どうしたの？」

※　この質問は、子どもの答えに対して、「うんうん、そうだったんだね」と返す前提で投げることをおすすめします。

練習23－2

ママが太郎くんに「ジュースがこぼれちゃったの？」と聞いたところ、太郎くんは「ジュースをぎゅっと握ると吸わなくても飲めるから、ぎゅっとして飲んでいたら、ジュースがこぼれちゃった」と答えました。

では、次の順番で対応をお願いします。

［気持ちに理解を示す（復唱）］↓
［代わりの行動］↓
［一緒にやってみる］↓

こう言えたらOK！

［気持ちに理解を示す（復唱）］**あー、ぎゅっとしたらこぼれたんだね。**
［代わりの行動］**ジュースはぎゅっとするとこぼれやすいから、吸って飲むんだよ。**
［一緒にやってみる］**じゃあ、ストローで吸って飲む練習をしてみて。そうそう。**

ということで、「聞く・考えさせる」で「①状況の確認」から対応をはじめると、その後の青カードでの展開がしやすくなりますよ、っていうお話でした。

では、次の②「理解度の確認」を見ていきましょう。

子どもを叱っている際に、次のような点について子どもの理解度を確認しておきたいときってありますよね。

- 今、何について叱られているのか
- その行動がどうしてまずいのか
- どうして望ましい行動をしたほうがいいのか
- 前回注意されたことを覚えているのか

これらのことを子どもが即答できるのであれば安心して話を進められますが、答えられないとなると、親御さんの要求水準を下げるとか、説明をし直すなど、対応を変えないといけなくなるので、子どもの理解度の確認は大事なんですよね。

では、「聞く・考えさせる」を使って子どもの理解度を率直に確認してみましょう。

また袋ぐるぐるがはじまった……！

　ママと太郎くんは、近所のコンビニでポテトフライを買いました。家まで歩いて帰る途中、テンションの高かった太郎くんは、ポテトフライの入った買い物袋をぐるぐる回しはじめたので、ママはそれを止めました。

　ママとしては、昨日まったく同じ流れで太郎くんがコンビニ帰りに袋をぐるぐるしたことを注意して、袋は揺らさずに持つことと、袋を振り回してはいけない理由を伝

えているので、太郎くんがわかっていてやっているのか、そうでないのかを確認しようと思いました。

練習24－1

まずは太郎くんに、昨日注意されたことを覚えているかを聞いてみてください。どうぞ。

こう言えたらOK！

「太郎くん、昨日もコンビニの帰りに買い物袋を振り回して、ママが注意したんだけど覚えてる？」

「青カード」のためのヒント

赤カードの「質問風の攻撃」にならないように注意してください。肯定的に聞いていくので、太郎くんの回答に対して、「あー、そうなんだね。OK。じゃあさ……」と会話を続けていくスタンスで話します。

仮に、太郎くんが「まったく覚えていない」と答えても、「あー、そうなんだね。OK。じゃあ、もう一度説明するから、練習しておこうね」という流れで青カードを使った対応をします。

練習 24-2

太郎くんは、「ママに注意されたことを覚えている」と答えました。では、昨日ママが袋をどのように持ってほしいと言ったのかを聞いてみてください。

青カードですよ。肯定的に聞いてくださいね。

こう言えたらOK!

「ママは、買い物袋はどうやって持ってほしいって言ったっけ？」

「青カード」のためのヒント

これでもし、太郎くんが「中身を揺らさないように、こう持てばいいんでしょ」と答えるのであれば、ママとしては「そう！ 正解！ じゃあ、家まで揺らさないようにがんばって持って帰ろう！」と伝えればよくて、一から教え直さなくてもよいことがわかります。

赤カードさんはいつでも前に出てこようとしてくるので、今の場面でも太郎くんが「ママに言われたことは覚えてるよ」と答えると、ママは「覚えてるならやりなさいよ！ 毎回同じことを言わせないで！」と言ってしまう可能性があります。

でも、もうみなさんは大丈夫ですよね。ここまでに練習をずいぶんとされてきているので、自信をもって青カードを切れるようになっているはずです。

練習 24-3

太郎くんは、昨日ママに注意されたことはよく理解できていました。そこでママはもう一押しと思って、買い物袋を振り回すといけない理由を太郎くんに聞くことにしました。

では、肯定的に聞いてみてください。どうぞ。

こう言えたらOK！

「太郎くん、買い物袋を振り回すとどうなるからいけないんだっけ？」

「青カード」のためのヒント

この質問に太郎くんが、「ポテトがこぼれたり、周りの人に袋がぶつかったりするから」と答えられるのであれば、親御さんとしては「理解はできてそう。説明をするより、望ましい行動が増えるように促して、ほめていこう」と判断できます。

では、最後の③です。

「聞く・考えさせる」のおすすめの使い方の３つ目は③「行動の検討」です。

まずは、練習して実体験してください。

また冷蔵庫の冷気で涼んでる!!

太郎くんは風呂上がりに「暑いーー！」と言って、冷蔵庫を全開にして、冷蔵庫の冷気で涼んでいました。

ママは「電気代がかかるから、冷蔵庫で涼むのはやめて」と伝えました。そして、ママは代わりの行動を教えようと思ったのですが、太郎くんの成長に期待して、「今後、風呂上がりに涼むにはどうすればいいのか」を太郎くんに考えてもらうことにしました。

では、「聞く・考えさせる」での対応をどうぞ！

こう言えたらOK！

「太郎くん。冷蔵庫以外で涼しくなるには、どうすればいいかな？」

「涼しくなる方法っていろいろあるけど、太郎くんはどうやって涼しくなる？」

「青カード」のためのヒント

これで太郎くんが自分で考えて、「扇風機にあたる」とか「うちわを使う」「裸で床に寝転ぶ」と答えたら、ママは「いいね！　じゃあ、今やってみよう」と促します（裸で床に寝転ぶのは、家によって判断が分かれますが……）。

ということで、「③行動の検討」では、「今後、どのような行動をすればいいのか」を子どもに聞いて考えさせます。

「聞く・考えさせる」のすごい効果

「②理解度の確認」と「③行動の検討」は、子どもが親御さんの質問に答えることによって、子どもの理解が進んだり、主体性が増したりする効果があります。これ重要です。
子どもの問題行動の改善を進めるのであれば、子ども自身の力を使ったほうがラクだし健全ですよね。
親「今の行動って、何がまずかったんだろう？」
子「こういうふうにしたのがまずかったのかな」

とか、

親「次からはどうすればいいかな？」
子「うーん、こういうふうにする」

といったやり取りの中で、子どもが自分で考えて、頭の中を整理して、自分の言葉として口に出すことによって、記憶に残ったり、理解が深まったり、主体性が増したりします。

「良質な問いかけをして、本人の理解や意思決定を促しましょう」的な質問スキルは、子育て講座や子育てサイトでも紹介されていますし、ビジネス系や相談支援系の研修でもよく紹介されていたりします。効果があるものは使っていきましょう。

「聞く・考えさせる」のやり取りがうまくいくと、親御さんが「代わりの行動として何をすればいいのか」を考えて説明しなくても、子どもが自分から考えてくれます。

おまけに子どもの主体性が増したりしたら、親御さんとしてはウハウハですよね。

要注意!!　マジ危険!!

超重要な注意事項があります。「聞く・考えさせる」を成立させるには、親御さんの問いかけは子どもが理解できる内容であり、さらに子どもの中に答えがあるという2点が必須事項となります。

○まずい例1

謝ることが苦手な4歳児に対して、親御さんが「将来のために、今のうちに社会性を身につけておく必要があるんだけど、今は何をすればいいと思う?」と聞く。

↓　話が難しくて、子どもは質問の意味がわかりません。

○まずい例2

服をたたんだことがない4歳児に、「カバンの中に服をきれいに入れるにはどうすればいいと思う?」と聞く。

↓　子どもの中に「服をたたむ」という選択肢がなければ答えられません。

ヒントとして、ママがたたんだ服を見せたとしても、それが答えだと一人で理解することは子どもによっては難しいかもしれません。大人も含めて、経験のないことについて考えて答えを出すには関連する知識や経験が必要になります。

子どもの中に答えがないことについて考えさせるのであれば、時間をかけて、丁寧に何度もヒントを出して一緒に考えていくのが安全ですが、一つ間違えば、

親「どうやったらうまくできると思う？」
子「（どうやったらって言われても……）」

という赤カード「あいまい」な質問を投げることになります。

筆者としては、子どもが知らないことであれば、シンプルに望ましい行動を教えることをおすすめします。そのほうが、話が早くてお互いラクですから。

大人の世界観だと、「これくらいわかるでしょ」と思えてしまうし、子どもとの会

話はそれっぽく成立するうえに彼らは一丁前のことを話したりするから、親御さんもそれに引っ張られてついつい高度な質問を投げてしまうんですよね。

でも、これはトラブルの元ですし、親御さん自ら負け戦をはじめるようなものです。子どもが質問に答えられないとムキになって何度も同じことを聞いて、どんどん親御さんがイライラしていくなんてこともよくあります。

「聞く・考えさせる」は目的ではなく手段にすぎないので、不発に終わったら「代わりの行動をシンプルに教える」というほうにさっと切り替えてください。

それと、子どもの発達段階に合わせて、子どもが理解できる質問をするのは意外に難しいので、「聞く・考えさせる」を使うときは、いったん実年齢より1～2歳小さい子に話すイメージで言葉のチョイスをすることをおすすめします。彼らはまだ人間歴数年のヒヨッコなのです。

どうしてこんなにクドクドと注意事項を説明するかというと、

・親御さんがよかれと思って、子どもの発達段階より高度な質問をたくさん投げる
・子どもが答えられなくて、親御さんはムキになって何度も同じことを聞く
・ストレスＭＡＸの親御さんが全力で赤カードアタック＆子どもが泣き叫ぶ
・親御さんやご家族、ご近所さんが、市町村や児童相談所に相談

というようなしんどいパターンがリアルにあるからです。

ということで、「聞く・考えさせる」はハイリスク・ハイリターンですよってお話でした。

でも、このリスクの部分は「青カード・赤カード」の切り分けができれば回避可能です。「青カードでいけそうなら使う。赤カードになってしまいそうなら使わない」、それだけです。

そして、「聞く・考えさせる」をうまく使っていくためには、練習するのが一番です。

そう、この本ですよ。

あと、リスク回避という点では、子どもに率直に、対等に「聞く」という手もあります。「今、ママが聞いたことって、意味はわかった？　わからないところってあった？」という感じです。

もちろん、これも青カードとしてですよ。赤カード風に聞いたら台なしです。

こんなとき何と言う？ 26

掃除機で車ごっこ

　太郎くんがリビングで掃除機（キャニスター型）の本体の上に乗っかって、車ごっこをしていました。太郎くんの重さで掃除機のタイヤがうまく回らず、フローリングにこすりつけられています。

　ママはたまたま気持ちに余裕があったので、「しょうがないなあ……」と思いながらも、ゆったりと対応ができます。

練習 26－1

まず、太郎くんのしていたことについてフラットに確認して、太郎くんが答えたら復唱してください。

ママ［聞く・考えさせる（状況の確認）］
↓
太郎「掃除機に乗って車ごっこをしてた」
ママ［気持ちに理解を示す（復唱）］
↓

こう言えたらOK！

ママ［聞く・考えさせる（状況の確認）］
「太郎くん、今、掃除機の上に乗って何をしていたの？」
太郎「掃除機に乗って車ごっこをしてた」
ママ［気持ちに理解を示す（復唱）］
「そうか、車ごっこをしてたんだね」

練習 26－2

次に、太郎くんに「なぜ掃除機に乗って遊ぶといけないのか」を考えさせてください。

ママ［聞く・考えさせる（理解度の確認）］
↓
太郎「掃除機が壊れるから？」
ママ［ほめる］
↓

こう言えたらOK！

ママ［聞く・考えさせる（理解度の確認）］

「掃除機に乗って遊ぶのはいけないことなんだけど、どうしていけないんだと思う？」

太郎「掃除機が壊れるから？」

ママ［ほめる］「そう！　よくわかったね。掃除機が壊れたら困るよね」

練習 26-3

最後に、「掃除機の正しい使い方」を太郎くんに考えさせ、考えた行動の練習もさせてください。

ママ〔聞く・考えさせる（行動の検討）〕
↓
太郎「床の上で動かしてゴミを吸わせるんでしょ」
↓
ママ〔一緒にやってみる〕
↓

こう言えたらOK！

ママ〔聞く・考えさせる（行動の検討）〕
「掃除機の正しい使い方をママに教えて」
太郎「床の上で動かしてゴミを吸わせるんでしょ」
ママ〔一緒にやってみる〕
「そうそう。じゃあ、ママと練習してみよう。両手でここを持って、スイッチを押して、前、後ろ、前、後ろ。掃除機を正しく使えたね」

こんなとき何と言う？ 27

ロールキャベツを食べたいって言ったよね……？

太郎くんは野菜があまり好きではないのですが、たまたま料理番組で見かけたロールキャベツが気になり、ママに「これ食べたい！」とおねだりしました。

ママは、太郎くんが自分から野菜を食べたいと言うのは珍しいので彼の希望に応えようと、がんばってロールキャベツを手作りしました。

そして、ロールキャベツを出された太郎くんは中の肉だけをきれいに食べて、キャベツを残しました。ママは太郎くんの行動にうろたえます。

練習27-1

急な出来事に戸惑ったときには、「待つ」や「落ち着く」がおすすめです。

今回は、「落ち着く」で大きな深呼吸を2回しておきましょう。どうぞ。

こう言えたらOK!

スーーハーー、スーーハーー

練習27-2

次に状況を確認しましょう。キャベツをきれいに残している理由を聞いてください。

ママ［聞く・考えさせる（状況の確認）］

↓

太郎「柔らかい葉っぱはいらない。ハンバーグが食べたかった」

ママ［気持ちに理解を示す（復唱）］

↓

こう言えたらOK！

ママ［聞く・考えさせる（状況の確認）］

「太郎くん、キャベツが残ってるけど、どうしたの？」

太郎「柔らかい葉っぱはいらない。ハンバーグが食べたかった」

ママ［気持ちに理解を示す（復唱）］

「あー……、ハンバーグが食べたかったんだね」

練習 27-3

太郎くんは煮込まれたハンバーグが食べたかったのであって、キャベツには興味がなかったことがわかりました。

ママとしては、子どもがどうしても嫌いなものは無理に食べさせる気はないのですが、一方で、気に入らないものは食べなくていいと安易に思われるのも避けたいという思いもあり、どうしたものかと困りました。

ここでママはひらめいて、太郎くんと一緒に考えることにします。

では、残したキャベツをどうするかを太郎くんと一緒に考えるために、太郎くんに質問をしてください。どうぞ。

［聞く・考えさせる（行動の検討）］↓

こう言えたらOK！

［聞く・考えさせる（行動の検討）］

「太郎くんはキャベツをどれくらい食べられそう？どうしたら少しでも食べられるかな？」

「青カード」のためのヒント

「聞く・考えさせる（行動の検討）」は、今の対応例のように「一緒に考える」というパターンも有効です。うまく使えると親御さんが一気にラクになります。

親御さんだって「代わりの行動は何がいいんだろう」と困る場面はたくさんあるので、そんなときは子どもと対等にこれからの行動を検討するわけです。

ポイントは対話です。子どもの意見を尊重し、対等に会話を進めます。

対応例の続きはこんな感じです。

ママ「キャベツさあ、どうしたら少しでも食べられるかな？」
太郎「うーん……、ママと半分こならいいよ？」
ママ「おお、半分も食べられるんだね。よし、じゃあ半分ずつ食べよう」
太郎「がんばる！」

※　この本の最初のほうに書いたとおり、各家庭のルールや価値観は本当に多様なので、ロールキャベツを残していいのか、どの程度食べるべきか、という点はみなさんのお考えにおまかせします。ここを追究すると小難しい教育論になっていくのでスルーします。この本は適当にゆるく練習するだけの本ですから。

一緒に考えるパターンは使いやすく効果も高いですが、一方的に押しつける形で使うとやはり赤カードになってしまうので気をつけてください。

質問が誘導的だったり、親の意向の押しつけ感がありありだったりすると、あいまいなコミュニケーションや質問風の攻撃になってしまいます。

あと、あんまり重たい判断を投げられても子どもは困るので、これもまた前述のとおり、**子どもの発達段階に合わせた質問であることが大事**です。

ということで、赤カードと紙一重だけど、うまく扱えればとても頼りになる青カード「聞く・考えさせる」の練習でした。

「聞く・考えさせる」はこれがまた汎用性が高く、いろんな場面で活用可能なので、ピンときたらじゃんじゃん使っていってくださいね。

第3章

楽しい総合練習！

1 逆転！・青カードでの対応

さあ、ようやく8つの青カードが揃いました。ここからが本番ですよ！

本書のテーマ「子どもの問題行動にカチンときてドッカーンとなりそうな状況からの逆転！」が成功する可能性を地道に高めていくために、これからハードな総合練習をしていきます。

運動部でいえば、時間を短く区切って試合風のリアル練習をするような感じです。しかも、練習量がちょっと多めでうんざりするかもしれません。

「逆転を成功させる」というのは、ドッカーン！となりそうなやばい状況であっても、青カードを使ってどうにか前向きなコミュニケーションを維持して、最後はいつもどおりに教えたりほめたりすることによって、肯定的なしつけを成立させるってことです。

ここでは、青カードを自由に組み合わせて本番風の練習をしていきます。お題のレベルとしては、ドッカーン！となりそうだけど逆転カードを使えばギリギリどうにかなる範疇の練習になります。

筆者から青カードの選択や順番の指定はしませんので、みなさんらしく青カードを使えるように、対応を組み立ててください。

対応例は、筆者や講座を受講したママたちの案を挙げておきますので、ぜひ参考にしてください。それらはあくまで参考であって、正解があるわけではないです。みなさんの案が対応例と違っていても、まーったく問題ありません。自分なりに青カードを組み立てることが大事なんです。

では、「ちはっさくカード」を横に置いてください。

さあ、はじめますよー。いつもどおり声を出して練習をお願いします。

練習タイム！

こんなとき何と言う？ 28

自転車を使うのはいいけれど……

　太郎くんは近所の公園やスーパーに行くとき、必ずお気に入りの自転車で行きます。そして、帰宅時にはなぜか駐車場の自転車置き場に停めず、玄関わきに停めてさっと家の中に入ってしまいます。

　そのたびに毎回ママが自転車を片づけたり、太郎くんを呼び戻して注意したりしています。

練習28−1

今日も太郎くんと公園に行って帰ってきたところ、太郎くんはいつもどおり、自転車を玄関わきに置いて家の中に入ろうとしました。
今回は、軽めに太郎くんを注意してみてください。

こう言えたらOK!その1

［代わりの行動］**太郎くん、自転車を片づけてね。**
［一緒にやってみる］**はい、片づけするよ。**
［ほめる］**うん、できたね。**

こう言えたらOK！その2

［環境をつくる］（太郎くんを呼び止めて、しゃがんで目を合わせる）

［聞く・考えさせる］太郎くん、自転車はどこに停めるんだっけ？

［ほめる］そうそう、わかってるじゃん。

［待つ］（太郎くんが自分から片づけるまで待ってみる）

［ほめる］がんばったね、自分から片づけできたね。

練習28－2

翌日も太郎くんと公園に行って帰ってきました。そして太郎くんは……、またもや自転車を玄関わきに置きました。毎度毎度、同じことを注意させられているママは、さすがにイライラMAXです。

まずは、楽しい赤カードタイムです。みなさんが使い慣れている赤カードでドッカーン！と対応してみてください。どうぞ。

こう言えたらOK！

「何してるの？　いい加減にしてよ。何回同じことを言わせるの？　自転車を捨てるよ！　いらないんでしょ！　大事にしないって、そういうことだよね！　今さら泣いたって遅いんだからね！」

不思議ですよねー。赤カードは考えなくてもすらすら出てくるんですよね。

練習28－3

「練習28－2」の場面設定で、ママはイライラMAXですが、どうにか耐えて青カードで対応するとします。どうぞ。

こう言えたらOK！その1

［落ち着く］太郎くんちょっと待って。スーハー、スーハー。

［環境をつくる］（しゃがんで太郎くんと目を合わせる）

［代わりの行動］自転車は自転車置き場に停めるんだよ。

［聞く・考えさせる］この後、太郎くんはどうすればいい？

［ほめる］そうだね、自転車を片づけるんだよね。

［一緒にやってみる］じゃあ、自転車置き場に行くよ。

［ほめる］よし、できたね。自分で自転車置き場に停められたね。

こう言えたらOK！その2

〔聞く・考えさせる〕太郎くん、自転車を置いて、家にすぐに入りたいみたいだけど、何かやりたいことがあるの？

〔気持ちに理解を示す〕ああ、この前買ったおもちゃで早く遊びたいのか。なるほど。

〔聞く・考えさせる〕昨日さ、ママは「自転車は自転車置き場に停めて」っていう話をしたけど、それは覚えてる？

〔気持ちに理解を示す〕そうか、覚えてはいるけどやっちゃうのか、わかった。

〔代わりの行動〕じゃあ、今日も自転車を片づけよう。

〔一緒にやってみる〕はい、片づけするよ。

〔ほめる〕うん、できたね。

イライラＭＡＸだったのに、最後はほめて終われたら逆転は大成功ですよね。10回に1回でもできたら万々歳です。

練習 28－4

さらにその翌日、いつもどおり公園に出かけようと玄関から外に出たところです。ママはふと、「今日もまた自転車の片づけで叱ることになるのかな」と思いました。そこでママは、事前の対応をしておくことにしました。公園から帰ってきたときに自転車をどうすればよいのかを、このタイミングで太郎くんに教えてあげてください。どうぞ。

［代わりの行動］太郎くん、この後、帰ってきたときに自転車は自転車置き場に停めてね。

こう言えたらOK！その2

［環境をつくる］ **太郎くん。（太郎くんと目を合わせる）**
［代わりの行動］ **この後、帰ってきたときに自転車は自転車置き場に停めてね。**
［一緒にやってみる］ **じゃあ、一緒に練習しておこう。**
［ほめる］ **いいね、できたね。**

この本は「逆転」がテーマではありますが、問題が起きる前に対応しておくに越したことはないです。予防に勝るものはないです。

練習 28－5

「練習28－4」の夕方です。太郎くんは自分から自転車置き場に自転車を停めました。では、今後も同じことが続くように、丁寧にほめてあげてください。どうぞ。

こう言えたらOK！その1

〔ほめる〕太郎くん、自転車を自転車置き場に正しく停められたね。がんばったね。（ハグする）

こう言えたらOK！その2

〔環境をつくる〕太郎くん！（しゃがんで太郎くんと目を合わせる）

〔ほめる〕自転車を自転車置き場に停められたね。

〔聞く・考えさせる〕どのへんから自転車置き場に停めようって思ってたの？

〔ほめる〕公園から帰るときからなんだ、しっかり覚えてたんだね。

「青カード」のためのヒント

「こう言えたらOK！その2」のように、ほめる効果を上げるのにも青カードの組み立ては使えます。注意するときより、ほめるときのほうがしつけはしやすいので、「この行動を続けてほしい！」という場面では、特に青カードの組み立てはおすすめです。

それと、前のほうでも書きましたが、この本の中では親御さんの反省は不要です。受講者さんや読者さんの感想で、「これまでの対応がまずかったと反省しました」というコメントをよくいただきますが、ぶっつけ本番の子育てで四苦八苦するのはみなさんのせいではないんです。

少しだけ堅いことを書くと、2000年あたりから法律的にも社会的にも「叩く子育て」から「ほめる子育て」へのシフトがはじまって、子育ての要求水準も右肩上がりなのに、親御さんたちへの具体的なフォローはまだまだ足りないんです。

だから、子どもへの対応がうまくいかないところは、とりあえず社会のせいにしておきましょう。

それよりも注目すべきところは、みなさんがこの本を手に取って、一見うさんくさい練習をここまでしてきたことです。

筆者としては、「みなさんにはどのような思いがあって、ここまで練習をされてきたのですか？」と、拍手を送りたいところです。

いいですか？　日常生活でうまくいかなくても反省は不要です。

逆に、青カードをちょっとでも使えたら、胸を張って「自分の子育てはイケてる」と思ってくださいね。

こんなとき何と言う？ 29

公園に行きたいって言ったよね……!?

今日は休日です。ママは太郎くんに、アスレチックのある大型の公園か、屋内プールのどちらかに行こうと提案したところ、太郎くんは公園を選んだので車で公園まで行きました。

ところが、駐車場に着いて車のエンジンを切ったところで、太郎くんは「プールのほうがよかった」と言い出しました。

プールの道具を持ってきていないので、今からプールに行くのは現実的ではありま

せん。そのことを太郎くんに伝えましたが、太郎くんは「ママのいじわる！　プールの道具を持ってくればよかったのに！」とママを責めました。

ママもムカついて、赤カードが口から出そうになりましたが、せっかくの休日なのでお互い楽しく過ごせるよう、いったん青カードで対応しようと思いました。

では、「ちはっさくカード」を眺めながら、みなさんなりの対応案を考えてください。

［落ち着く］　**スーハー、スーハー**

（バックミラーを見て眉間にしわが寄っていないか確認する）

［環境をつくる］　**（後部座席に移動して、太郎くんの横に座る）**

［気持ちに理解を示す］　**プールにも行きたいってことはわかったよ、プールもいいよね。**

［代わりの行動］　**今日は公園に来たから、アスレチックに早く行こう。**

［聞く・考えさせる］　**じゃあさ、車から降りるには、どんなことがあったら降りられそうかな？　おんぶがいいのか。わかった。**

［代わりの行動］　**じゃあ、おんぶして降りて、そこからは歩いていくよ。**

［一緒にやってみる］　**はい、おんぶして、降りて、一緒に歩くよ。**

こう言えたらOK！その2

［待つ］（とりあえずストップ、太郎くんの発言への即反応は控えておく）
「（どうしようかなー、何を言おうかなー）」
［環境をつくる］（振り返って太郎くんと目を合わせる）
［代わりの行動］じゃあ、太郎くん、「公園で遊ぶ」って思えたら、シートベルトを外して。
［待つ］（太郎くんがシートベルトを外すのを待つ、1分くらい）
↓太郎くんがしぶしぶ外す
［ほめる］おお、できたじゃん。
［代わりの行動］まずはターザンロープまで行こう。
［一緒にやってみる］はい、行くよ。

「青カード」のためのヒント

今の対応例では、そのまま進めば赤カードでドッカーン！となりそうな状況を青カードでどうにか受けて、流して、前向きな行動を伝えて、一緒にやってみるところまで持っていくことができました。これまた大成功です。

何気ないやり取りですが、ドッカーン！となって家に帰るのか、公園で楽しく遊びはじめるのかでは、大きな大きな差がありますよね。もしも家に帰ってしまったら、子ども以上に親御さんがダメージを受けてしまいます。

それと、対応例のようにすらすら青カードが出てこなくても大丈夫ですからね。すばらしい対応をする必要もないです。**みなさんがやりやすい形で、何かしら青カードが使えていればそれでOKです。**

こんなとき何と言う？ 30

ママの大事なトリートメントが……!!

ママは美容院でヘアカラーをして、美容師さんおススメのトリートメント（3700円！）を奮発して買いました。

太郎くんはリンスやトリートメントに興味はなさそうですが、ママは念のため太郎くんに「これはママの大事なトリートメントだから、太郎くんには使えないんだよ」と伝え、太郎くんは「わかった」と答えました。

そしてその日の夜、ママと太郎くんのお風呂タイムで案の定、事件が起きます。ママが自分の頭をシャンプーし終わってふと太郎くんのほうを見ると、なぜか太郎くんは頭から足先まで全身が謎のクリームで包まれています。さらに、太郎くんの両手の上には、クリームがたんまりと乗っています。

残念なことに、太郎くんの足元には今日ママが奮発して買ったトリートメントの容器が転がっています。

ママはキレそうになりましたが、風呂場で叫ぶと隣の家に丸聞こえになることが歯止めになり、ギリギリ冷静さを保っています。

では、青カードでの対応をどうぞ。

こう言えたらOK！その1

［落ち着く］スーハー、スーハー
［代わりの行動］太郎くん、トリートメントを流すよ（シャワーで流す）。
［待つ］（とりあえずストップ。1、2、3、4、5）
［環境をつくる］太郎くん、ママの顔を見て。
［聞く・考えさせる］このトリートメントを使ったの？
太郎「そう。使ってみたかった。勝手に使ってごめんなさい」
［ほめる］うん、謝れるのはえらいね。
［気持ちに理解を示す］使ってみたかったのはわかったよ。
［聞く・考えさせる］太郎くんの頭を洗うシャンプーはどれ？
太郎「これ」（いつものシャンプーを指さす）
［聞く・考えさせる］そうだよね。太郎くんの体を洗うボディソープはどれ？
太郎「これ」（いつものボディソープを指さす）
［聞く・考えさせる］じゃあ、太郎くんはママのトリートメントは使う？
太郎「使わない」
［ほめる］よくわかってるじゃん。じゃあ、体を洗うよ。

こう言えたらOK！その2

［待つ］（とりあえずストップ）

（どうしようかなー、まずはお風呂に専念して、お風呂から出たら落ち着いて話をしよう）

［代わりの行動］太郎くん、トリートメントを流すよー。

（これ以上、トラブルを起こさないでほしい……）

こう言えたらOK！その2の続き

お風呂から出て、パジャマを着て、歯磨きが終わったところで、

［環境をつくる］太郎くん、ここに座って（一緒にソファーに座る）。

［代わりの行動］太郎くん、お風呂では太郎くん用のシャンプーとボディソープを使ってね。今日ママが買ったトリートメントは、ママの髪の毛がこれ以上傷まないようにする大事なものなんだよ。

［聞く・考えさせる］太郎くんは、あのトリートメントを使っちゃいけないってことはわかってた？

太郎「うん……」

［気持ちに理解を示す］わかってはいたんだね、そうか。

［聞く・考えさせる］あのトリートメントはどうして使ったらダメなのかはわかる？

太郎「ママの大事なものだから」

［ほめる］そうそう、よくわかってるじゃん。

［気持ちに理解を示す］でも、使ってみたくはなるよね。

［代わりの行動］そうだな……、じゃあ、ママのトリートメントを使いたいときはママに言ってね、そしたら特別に少し使ってみよう。

「青カード」のためのヒント

大事なトリートメントを無駄に使われてカッチーン！となるものの、太郎くんにしてほしい望ましい行動は、「いつものシャンプーやボディソープを使ってね。ママのトリートメントを使いたいならママに言ってね」という普通すぎる内容。

でも、その普通のことを穏やかに共有するのがなかなか難しいんですよね。カッチーンときて、ドッカーン！となりそうな状況であっても、青カードでしのいで、普通のことを穏やかに共有する、これが逆転です。簡単なようで、難しい。

あと、逆転の1つの選択肢として、「こう言えたらOK！その2」のように、「その場を収める段階」と「落ち着いてしつけをする段階」を分ける方法があります。

子どもが問題行動をしたとき、親も子も負の感情があるなかで叱って・反省させて・謝らせて・責任を取らせて……と、親御さんの勢いで一度にすべてをしてしまいがちですよね。それだと難易度がかなり高いし、やりきったとしても子どもにはボリュームが大きすぎて、怒られたことくらいしか残らないパターンもあったりします。

ドッカーン！となりそうな場面では、子どもに伝わりやすく、結果的に親御さんがラクになる話の進め方を慎重に選んでいったほうがよいです。だから、「待つ」や「落ち着く」を使って、ギリギリななかでも立ち止まることが大事だったりします。

こんなとき何と言う？
31

リモコンはどこへ行った？

夏の暑い日に、リビングのエアコンのリモコンがどこかに行ってしまいました。ママはエアコンのつかない部屋の中で、汗だくになりながらリモコンを探しましたが見つかりません。

ママは太郎くんにも聞きましたが、太郎くんは「知らない」と答えました。どうにも見つからないので、ママはあきらめてネットでリモコンを注文しました。

その日の夜、ママが子ども部屋で布団を敷くためにおもちゃを片づけていると、おもちゃ箱に無造作に投げ込まれたリモコンを発見しました。

状況からすると、太郎くんがリモコンを子ども部屋に持っていって遊んで、そのまま忘れたようです。

ママは昼間の苦労を思い出しイライラMAX！　大声で「太郎くん！　ちょっと来てっ！　早くっ！」と叫びました。

ところが、おびえてやってきた太郎くんの様子を見て、ママは少しブレーキがかかりました。どうやら太郎くんは、リモコンの件で叱られることがわかっていたようです。

今が逆転のチャンスです。では、青カードでの対応をどうぞ。

［環境をつくる］　太郎くん、ちょっとお話ししよう。（一緒に床に座る）
［聞く・考えさせる］　このリモコンがそこのおもちゃ箱の中にあったんだけど、太郎くんは何か知ってる？
［待つ］　（太郎くんが話しはじめるまで、じっと待つ）
太郎「リモコンで遊んだあと、おもちゃ箱にしまったのかも……」
［代わりの行動］　そうか、わかった。まずはリモコンを片づけてこよう。
［一緒にやってみる］　（一緒にリビングのリモコン置き場に持っていく）
太郎「……、ごめんなさい」
［ほめる］　うん、自分から謝れてえらいね。
［代わりの行動］　このリモコンはリビングで、エアコンを操作するときだけ使うんだよ。じゃあ、もう寝よう。

こう言えたらOK！その2

［落ち着く］　スーーーハーーー、スーーーハーーー

［聞く・考えさせる］　ひょっとして、太郎くんはママがリモコンを探してるとき、リモコンがどこにあるか知ってた？

太郎「うん……」

［聞く・考えさせる］　そうか。ママに叱られそうだから、「知らない」って答えたの？

太郎「うん……」

［気持ちに理解を示す］　なるほど。まあ、わかるよ。そうだよね……。

［代わりの行動］　よし、リモコンのことはもういいから、叱られそうでも、まずいことをしたときは正直にママに話してね。ママも怒らないようにがんばるよ。

［一緒にやってみる］　じゃあ、今からママが聞くから正直に答えてね。リモコンが見つからなかったんだけど、太郎くんは何か知ってる？

太郎「子ども部屋にリモコンを持っていって遊んだ」

［ほめる］　そうなんだ。正直に話せてよかったよ。

こんなとき何と言う？ 32

降車ボタンを押したがる太郎くん

　昨日、ママと太郎くんがバスに乗ったとき、太郎くんが勝手に降車ボタンを押してしまい、誰も降車しないバス停にバスが停まってしまいました。ママは運転手さんに謝り、太郎くんを注意しました。

　そして、今日も同じバスに乗っています。太郎くんはボタンを押すのはいけないことだとわかったうえで、ふざけてボタンを押すふりをして触り、そのたびにママに注意されています。

そして、何回かふざけている間に、とうとう本当にボタンを押してしまいました。
ママは慌てて運転手さんに「すみません、間違えました」と伝え、太郎くんの目を見て「じっとしてなさいよ」と無言で伝えました。

数分後、バスが目的地に着いてママと太郎くんはバスから降りました。ここでママは太郎くんに話をします。

さあ、いきますよー。

お互い一歩でも踏み間違えると赤カードの連鎖がはじまってしまう張りつめた空気のなか、青カードでの逆転を目指してください。

こう言えたらOK！その1

［落ち着く］スーーーハーーー、スーーーハーーー

［代わりの行動］太郎くん、バスのボタンは、勝手に押すんじゃなくて、ママが「いいよ」って言ったときだけ押してね。

太郎「……」（↑なぜか返事がすぐに返ってこない）

［待つ］（太郎くんが話しはじめるまでじっと待つ）

太郎「さっきのは、わざと押したんじゃないよ」

［待つ］（いったん待って、反射的に赤カードを出さないようにする）

［気持ちに理解を示す］わざと押したわけじゃないのはママもわかってるよ。ボタンを押すふりをしていたら、押しちゃったんだよね。

太郎「そう」

［代わりの行動］じゃあ、ボタンを触るのは、ママが「いいよ」って言ったときだけにしてね。

太郎「わかった」

［ほめる］わかってくれてありがとう。

こう言えたらOK! その2

[落ち着く] スーーーハーーー、スーーーハーーー

[環境をつくる] 太郎くん、バスでボタンを押しちゃったことのお話をするよ。

太郎「ごめんなさい」

[聞く・考えさせる] 押しちゃったのは、すんだことだからもういいよ。今度からさ、バスに乗ったときに、間違ってボタンを押さないようにしたいんだけど、どうすればいいかな?

太郎「ボタンで遊ばない」

[ほめる] いいね、それ大事だよね。

[聞く・考えさせる] じゃあ、ボタンで遊ばないように、手はどこに置いておけばいい?

太郎「うーーーん、膝の上に置いておく」

[ほめる] いいね。

[一緒にやってみる] じゃあ、そこのベンチに座って、バスに乗ってるふりをして。はい、手は膝の上。いいね。もう1回だけやっておこう。手は膝の上。

[ほめる] よかったよ。上手なバスの乗り方だったよ。

ということで、まずは逆転の練習でした。

みなさんいかがでしたか？　ドッカーン！をどうにか回避できそうですか？

その後、青カードを使ったいつもの肯定的なしつけに戻れそうですか？

大丈夫ですよ。みなさんが「難しいかも」って思っていても、練習のおかげで体が覚えているはずなので、本番で成功する可能性はすでに上がっていますよ。

少なくとも、この本を読む前よりは絶対に上達しています。

2

大逆転！赤カードからの切り替え

とうとうやってきました。上級編、「大逆転」の練習です。

先ほどの総合練習1では、「ドッカーン！となりそうな状況からの逆転」を練習しましたが、今回は「ドッカーン！となってしまった後の大逆転」にチャレンジします。

しんどい状況のなかで、親御さんがこらえきれずに思わず赤カードを使ってしまったけれど、何とか青カードの世界に戻ってきて、対応を切り替える練習をしていきましょう。

練習タイム！

こんなとき何と言う？ 33

素っ裸でドアノブにぶら下がって（3度目）

共通事例、3回目の登場です。逆転カードの練習も終わった今なら、この難問もうまい対応が可能です！

太郎くんは風呂上がりにママが体を拭こうとしても逃げ回り、ママがイライラしながら注意をしても笑って逃げ出し、トイレのドアノブに素っ裸のままぶら下がりました。そして、バキッと音がしたドアノブは、微妙に斜めにゆがんでしまいました。

ママは濡れた床を歩いて太郎くんに近づいて、赤カードをいくつか使ってしまいました。その直後、ママは「あー、これは後悔するパターンだ」と気づき、青カードでの対応に切り替えます。

では、「①思わず赤カード　↓　②切り替えて青カード」の順で対応をしてみてください。どうぞ。

① 思わず赤カード

② 切り替えて青カード

① 思わず赤カード

何してるの！　ねえ！　いつも余計なことをしないでって言ってるでしょ！

② 切り替えて青カード

［落ち着く］スーーーハーーー、スーーーハーーー

（ドアのことはパパに丸投げして、考えないようにしよう……）

[環境をつくる]（しゃがんで太郎くんと目を合わせる）

[代わりの行動] 脱衣所に戻るよ。

[待つ]（太郎くんが歩きはじめるまで待つ）

[代わりの行動]（脱衣所に戻ったら）お風呂から出たところからやり直すよ。お風呂から出る、止まる、体を拭く、パンツをはく、でいくよ。

[一緒にやってみる] はい、お風呂から出る、止まる、体を拭く、パンツをはく。

[ほめる] うん、できたね。もう用意して寝るよ。

「青カード」のためのヒント

さあみなさん、大逆転はできましたか？

赤カードはいつもどおりスラスラ言えたとして、青カードの一発目は何を使いましたか？「落ち着く」でしたか？　それとも「待つ」でしたか？

「大逆転」といっても、やることはこれまでと大して変わらないです。

ポイントは、ドッカーン！とやってしまったときでも、戻ってこれそうであれば潔くはっきりと逆転カードを使って、青カードのコミュニケーションに切り替えることです。

切り替えたことによって、子どもと練習をするとか、ほめるとかができて、前向きなしつけを進められれば大逆転です。

怒って赤カードを使っていたのに、急に切り替えて青カードを使うのが変じゃないかですって？　客観的に見たら、少し不自然かもしれません。

でも、赤カードを使いまくって子どもが泣きわめき、親御さんも後悔や自己嫌悪に突っ込んでいって焼け野原になるのと、青カードに切り替えてちょっとでも肯定的なコミュニケーションでしつけを進めるのとでは、親子ともに得られるものがずいぶんと変わってきますよね。

だから、赤カードから青カードへ切り替える練習は大事なんです。

こんなとき何と言う？ 34

うどんの汁がママの服に……!!

ママと太郎くんはうどん屋さんに行きました。太郎くんは上機嫌で、食事中も戦隊ヒーローの変身ポーズの真似をしていたため、手がどんぶりに当たってうどんの汁がテーブルの上に少しこぼれてしまいました。

ママはイラっとしたけど、ぐっとこらえて冷静に太郎くんを注意して、おしぼりを渡し、「自分で拭いてね」と伝えました。

ところが、太郎くんは戦隊ヒーローの真似を続け、「ヒーローパンチ！ シュッ！」

と言いながら勢いよくテーブルを拭き、うどんの汁がママの服にドバッとかかりました。

ママは内心、大激怒です。店内なので声を抑えながらも、太郎くんに①赤カードを切ります。そして、その途中でママは「これはまずい」と気づき、②青カードに切り替えます。では、対応をどうぞ。

① 思わず赤カード

② 切り替えて青カード

こう言えたらOK！

① 思わず赤カード

ちょっと！　汁が飛んだでしょ！　何やってんの!?　ねえ！　服についちゃったじゃない！　最悪なんだけどっ！

② 切り替えて青カード

［落ち着く］スーーーハーーー、スーーーハーーー

［落ち着く］（もう1回）スーーーハーーー、スーーーハーーー

［待つ］（まずどうしよう……、店員さんを呼んで落ち着こう）

↓店員さんを呼んでテーブルを拭いてもらった＆新しいおしぼりをもらって服を拭いた。

［環境をつくる］太郎くん。（太郎くんと目を合わせる）

［聞く・考えさせる］どんな行動がいけなかったのかわかる？

太郎「パンチして拭いたから、うどんの汁が飛んだ」

［ほめる］そうだよ、よくわかってるね。

［聞く・考えさせる］じゃあ、どうやって拭けばよかったかな？

太郎「ゆっくり拭く」

［一緒にやってみる］そうだよね。このおしぼりでやってみせて。

［ほめる］いいね。上手に拭けたね。

「青カード」のためのヒント

なぜわざわざ赤カードを思わず使ってしまうところから練習するのかというと、それは「ちはっさく」が現実路線だからです。

みなさんの日常生活の中では赤カードが普通に存在しているわけで（筆者宅もそうです）、そうなると「赤カードが出ることもある」という前提で練習をしておいたほうが実践的なので、赤カード込みの練習をみなさんにしていただいていたのでした。

もちろん、赤カード自体を練習することは目的ではないので、赤カードの部分は適当にすらすら言っていただければＯＫです。

赤カードの直後に青カードに切り替えるところからが練習の本番となります。

こんなとき何と言う？ 35

謎の黒い冷ややっこ

夕ごはんの時間です。ママは冷ややっこ用に冷えた豆腐とプッシュ式の醤油差しを食卓の上に置き、太郎くんに「豆腐に醤油を少しかけておいて」とお願いして、ほかのおかずを取りに台所に戻りました。

ママが食卓に戻ってくると、太郎くんがうれしそうに豆腐にこれでもかと醤油をかけているところでした。そして、真っ黒な冷ややっこが完成しました。

ママは怒って、①赤カードを使いながら

太郎くんを止めます。次に、②青カードに切り替えます。では、対応をどうぞ。

① 思わず赤カード
② 切り替えて青カード

① 思わず赤カード

そんなにかけないでよ！　かけすぎでしょ！　わからないの!?

② 切り替えて青カード

［落ち着く］　スーーーハーーー、スーーーハーーー

［代わりの行動］　今度からは……、醤油をかけるときは、醤油差しのボタンを1回だけ押してね。

「青カード」のためのヒント

ママとしては、「子どもに醤油をかけるのをまかせた」「『醤油を少しかけておいて』とあいまいな伝え方をした」「目を離した」ということへの大きな後悔と、うれしそうに醤油差しのボタンをプッシュしまくっていた太郎くんへの怒りで、複雑な気持ちになっていそうです。

今回の対応例はそんなママのお気持ちに合わせて、シンプルに「落ち着く」と「代わりの行動」だけのバージョンにしてみました。

これはママのせいなのか⁉

ママと太郎くんはスーパーの買い物から帰ってきたところです。ママが玄関のカギを開けてドアを開くと、太郎くんは「僕が一番！」と言って、無理やりママを押しのけて玄関に入ろうとしました。

そのとき、ママが持っていた買い物袋が太郎くんに引っ張られて地面に落ち、中に入っていた卵が割れてしまいました。

ママは買い物袋を拾って深いため息をつき、太郎くんと玄関に入ってドアについて

いる2つのカギを「ガチャ……、ガチャ……」と締めました。

ここで太郎くんが、「ママが落としたんだよ！」と予防線を張ってきたことがきっかけとなり、とうとうママの口から赤カードがあふれてきます。

そして、途中で我に返ったママはどうにか青カードに切り替えます。では、対応をどうぞ。

① 思わず赤カード
② 切り替えて青カード

こう言えたらOK！

① 思わず赤カード

何言ってるの！　自分が落としたんでしょ！　そんなこともわからないの!?

②　切り替えて青カード

［落ち着く］　スーーーハーーー、スーーーハーーー

［環境をつくる］（しゃがんで太郎くんと目を合わせる）

［気持ちに理解を示す］　太郎くん、「ママが落とした」って言いたい気持ちはわかるよ。わかるんだけどさ。

［聞く・考えさせる］　太郎くんが何をしたから、ママは袋を落としたんだと思う？

［待つ］（太郎くんの答えを待つ……）

［待つ］（さらに待つ……）

太郎「……ママを押して玄関に入ったから」

［ほめる］　そうだよね。正直に言えてえらいね。

［聞く・考えさせる］　玄関はどうやって入ればよかった？

太郎「順番で入る」

［ほめる］　そうだね。それで合ってると思うよ。

［一緒にやってみる］　じゃあ、1回練習しておこうか。

こんなとき何と言う？ 37

エサ係は太郎くんだったよね……⁉

知り合いにメダカをもらいました。ママは生き物を飼うことに乗り気ではなかったのですが、太郎くんが毎日のエサ係をするという約束で、ママはしぶしぶ飼うことにしました。

しかし、太郎くんは3日で飽きました。ママに言われないとエサ係をしないし、言われてもなかなかはじめません。毎日、「太郎くん、メダカにエサをあげて」→「えー、あとでー」→「太郎くん、今あげて」とい

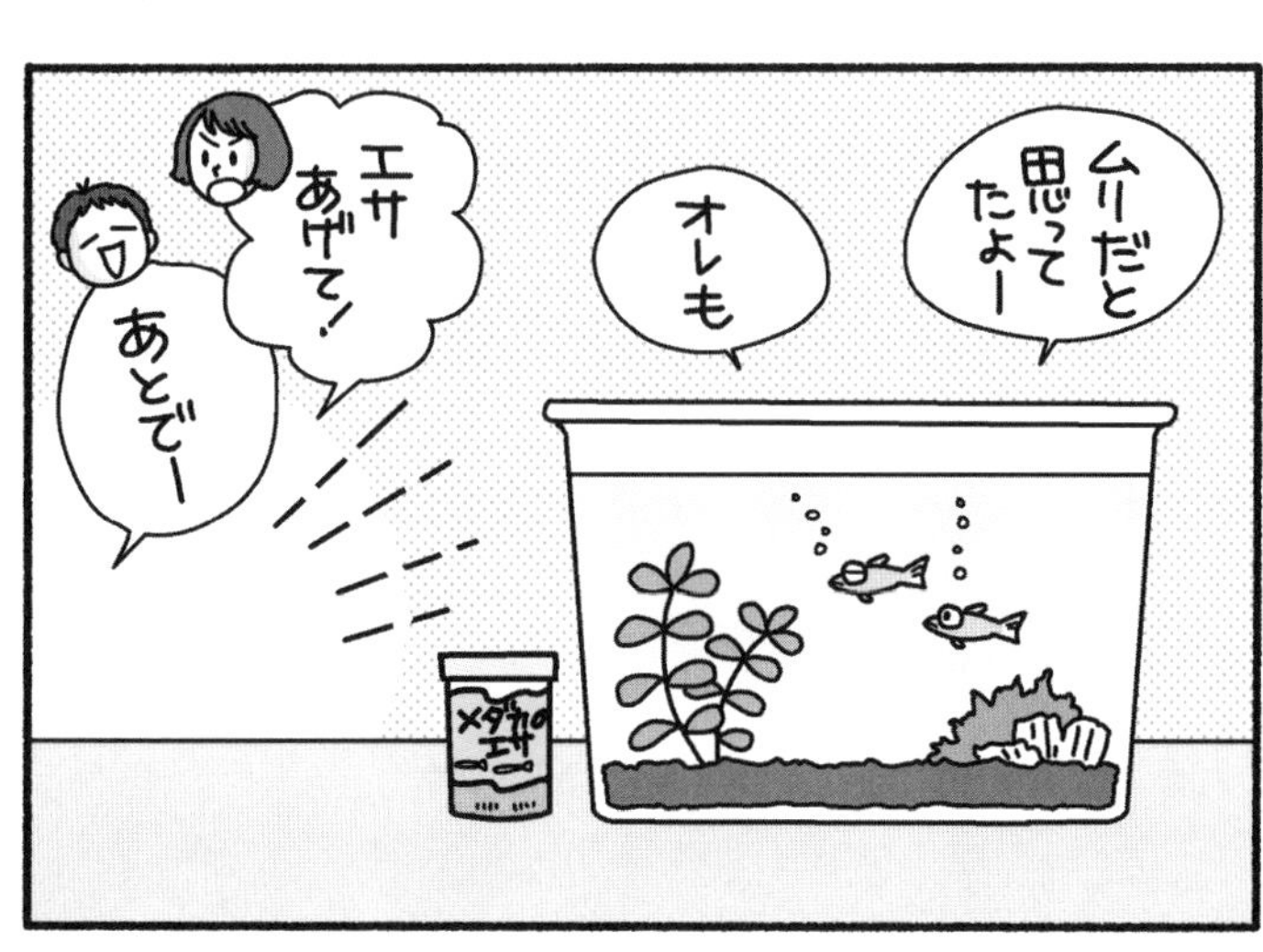

うやり取りをして、ママはうんざりしています。

今日もママが太郎くんにメダカのエサやりを促したところ、太郎くんは「ママがあげて。今はムリ」と他人事のように話してきました。

ママは日ごろからのストレスと、太郎くんの無責任な発言にブチ切れて赤カードを使ってしまいますが、途中で切り替えて青カードで対応します。

では、どうぞ。

① 思わず赤カード

② 切り替えて青カード

こう言えたらOK！

① 思わず赤カード

自分がエサ係をするって言ったんでしょ!? ねえ！ なんでそんな無責任なことを言えるの!? メダカがかわいそうだと思わない!?

② 切り替えて青カード

〔落ち着く〕 スーーーハーーーー、スーーーハーーー

〔聞く・考えさせる〕 太郎くん、メダカを飼うとき、エサの係は太郎くんがするって約束したのを覚えてる？

太郎 「覚えてない」

〔聞く・考えさせる〕 （あー、これは無理そうだな）

それじゃあ、メダカのエサ係はだれがするの？

太郎 「ママがする」

〔気持ちに理解を示す（復唱）〕 ママがするのか、そうかそうか。

（ダメだ、後で話そう）

こう言えたらOK!

・続き・その日の夜

［環境をつくる］太郎くん、ここに座って。

（太郎くんとソファーに座って目を合わせる）

［聞く・考えさせる］メダカのエサ係は太郎くんがするっていう約束をしたのは覚えてる？

太郎「……、覚えてる」

［気持ちに理解を示す］そうか、よかった。昼間はママの言い方がきつかったから答えにくかったのかな。

太郎「そうだよ、ママは怒ると怖くていやだ」

［気持ちに理解を示す］そうなんだね。ごめんね、ママも気をつけるね。

［代わりの行動］エサ係の太郎くんは、言われたらすぐエサをあげてね。

［一緒にやってみる］じゃあ、今やってみるよ。メダカにエサをあげて。

［ほめる］できたね、さっとエサをあげられたね。

赤カードで子どもに言いすぎてしまったときは、謝ることも大事です。

こんなとき何と言う？ 38

散らかったリビングにキャンプ用のテント！

休みの日にネットで買ったテントが家に届きました。パパと太郎くんは、キャンプに行くのを待ちきれずに、「部屋の中でテントを張ってみたい」と言うので、ママは「2人でリビングのおもちゃを片づけて掃除機をかけて、洗濯物の片づけをしたらいいよ」と伝えて買い物に出かけました。

夕方にママが帰宅すると……、片づけや

掃除はされておらず、むしろ段ボールとビニールのゴミが増えて余計に散らかったリビングにでかでかとテントが張られていました。

パパと太郎くんはテントで昼寝をしています。

カチンときたママは２人を叩き起こして赤カードで責めますが、途中で青カードに切り替えます。

では、対応をどうぞ。

① 思わず赤カード
② 切り替えて青カード

こう言えたらOK！

①　思わず赤カード

ママがなんで怒ってるかわかる？　キャンプなんかもう行きたくないんだけど。どうして片づけができてないわけ？　家の片づけができない人がキャンプ場に行って片づけられるようになるの？

②　切り替えて青カード

［落ち着く］スーーーハーーー、スーーーハーーー

［環境をつくる］2人ともここに座って。

（テント内に座らせる）

［気持ちに理解を示す］テントを張ってみたかったのはわかるよ。

［代わりの行動］部屋の片づけと、洗濯物の片づけ、最後は掃除機を2人で今すぐしてね、まずテントを片づけて。

「青カード」のためのヒント

総合練習、お疲れさまでした。

実践すると練習以上に上達するし、たまに子どもの反応がよかったりすると、「そういうことか！」と視界が開けるときもあったりします。

あと、ほかの親御さんの子どもへの対応がめちゃくちゃ目に入るようになります。「あー、あのママは深呼吸をしたほうがよさそうだなー。あー、『置いて帰るよっ！』が出ちゃった。青カードに切り替えるなら、深呼吸をして、環境をつくるところからかなあ」みたいな。

他人の行動だと客観的に見られるので、「こうしたらいいだろうな」ということがすらすら出てくるんですよね。それくらい青カード、赤カードが頭の中で整理できていれば理解レベルは十分なので、あとはもうご自身の実践あるのみです！

たくさん実践して、たくさん経験値を稼いでくださいね。

第4章

自分の家の出来事に当てはめる練習

ここからは話の角度が変わって、青カードをみなさんのお宅でどのように使っていくのかという内容になります。

みなさんはもうしこたま練習させられて、青カードのインストールは終わっているはずなので、最後の仕上げは、現在、みなさんのお子さんが起こしている問題行動に対して、どこに注目して、どのように青カードを組み立てていくのかについて説明と練習をしていきます。

「青サイクル」と「赤サイクル」

大事な全体像の話からいきます。次の図をちょっと眺めてください。

まずは、「赤サイクル」についてです。

① 子どもが問題行動を起こすと、親御さんはカチンときて赤カードを使いがちです。

② そして、赤カードの中でも、「どなる」「脅す」「罰」といった強いカードを使うと、子どもは怖がったり、ショックを受けたりして問題行動をやめます。一時的に親御さんの言うことを聞きやすくなります。

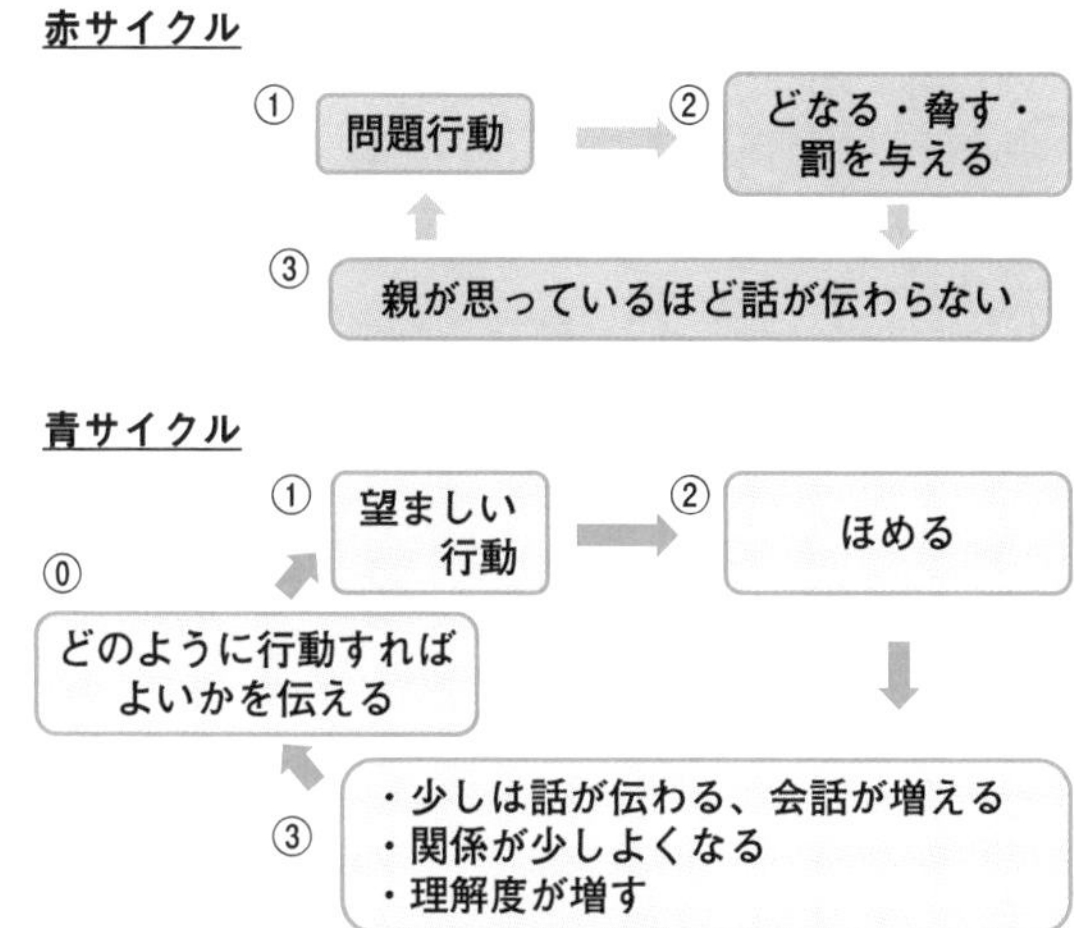

親御さんからしてみれば、親御さん自身も嫌な思いをしながらも、子どものためを思って強く叱ったのだから、子どもも理解しただろうと期待します。

③　でも、子どもが問題行動をやめたのは親御さんや赤カードが怖いからであって、「この行動はいけないんだな、次からはこういうふうに行動しよう」と理解・納得したからではない、なんてこともあります。親御さんが期待しているほど、子どもには伝わっていないのです。

①　ここへまたループします。次回、同じような場面でも、子どもは「どのような行動が望ましいのか」がわかっていないので、また同じような問題行動を起こし

がちです。

当然、親御さんは激怒します。あれだけ強く叱ったのにまだわからないのか、わざとやってるんじゃないか、自分の努力は何だったのか、と。

それで、子どものためにもっと強く叱らないと伝わらないんじゃないか、ということになり、いっそう赤カードを強く使っていくことになります。

あとは、ぐるぐると同じところを回ることになります。

それで、このぐるぐるの中で注目したいのは、親御さんのしんどさです。もちろん、子どももしんどいし、一歩間違えば虐待になってしまいますが、親御さんのしんどさも半端なかったりします。

親御さんも十分にがんばっているのに、子どもが全然言うことを聞いてくれない。親御さん自身もダメージを受けながら強く叱って、ようやく子どもが言うことを聞いてくれたと思ったら、次回もまた同じことの繰り返し……。

もう何をすればいいのかわからない。そんななかで、近隣通報とかで市の職員や警察官が自宅訪問なんてしてきたら……、もうあふれちゃいますよね。

この「赤サイクル」のやばいところは、親御さんががんばって赤カードを使っても、子どもには「何をすればよいのか」が伝わりにくく、親子ともにダメージが蓄積されるばかりで効率が悪い、ただただしんどいってことなんです。

だから、「赤サイクル」はなるべく回避したほうがいいわけです。

回避するポイントは、親御さんが、

✓子どもの問題行動に強く注目してしまい、
✓「どうやって子どもにわからせようか」と赤カードの使い方を考えている

というパターンに入っているのに早く気づくことです。そうしたら、「青サイクル」に対応を切り替える入口に立つことができます。

●例：赤サイクルに入っているママの視点

・子どもが毎日、おもちゃを自分で片づけないのでうんざり。今もおもちゃで遊んでいるけど、この後また片づけをしないいんじゃないかな（問題行動への注目）。

・「片づけをしなかったときは、おもちゃを捨てる」っていうルール（罰）にしたほうがいいのかな（赤カードの使い方の検討）。

一方、「青サイクル」は次のようになります。

⓪ 子どもにどのように行動すればよいのかを伝えます。青カードの「代わりの行動を教える」「一緒にやってみる」「聞く・考えさせる」の出番です。

① そうすると、子どもが望ましい行動をする可能性が少しだけ上がります。

② 子どもが望ましい行動をできたら、ほめます。

③　ほめれば、「その行動でいいんだよ」ということが伝わり、子どもの理解度が増します。関係性もよくなります。

⓪　次回、同じような場面でも、親子ともに成功体験があるので、望ましい行動を伝えるハードルは低くなります。

これでまた、①望ましい行動ができて、②ほめて、と青サイクルがぐるぐる回りはじめると、途中からは⓪を省いても、子どもが自然と①望ましい行動をするようになって、親御さんは②ほめるだけでよくなっていきます。丸儲けです。

この「青サイクル」を増やすポイントは次の3点です。

✓子どもの望ましい行動に注目する
✓望ましい行動を伝えるために青カードの使い方を考える
✓望ましい行動を見つけたらほめる

トータルで見れば青サイクルのほうがお得なので、ちょっと面倒に思えても、ごく近い未来への投資だと思ってがんばってください。

特に、子どもの望ましい行動を見つけようとするスタンスが大事です。「ほめる」のところで説明したとおり、子どもの望ましい行動は見つけにくい一方で、すでに起きていたりもするので、見つけられるかどうかがキモになります。

見つけられれば、ラクなサイクルが回ってウハウハです。

●例：青サイクルに入っているママの視点

・実は、子どもはすでに自分からおもちゃを片づけているかも（望ましい行動への注目）。

・おもちゃを自分で片づけられるようにするには、どういうことを、どんなふうに伝えればいいのかな（青カードの使い方の検討）。

・ちょっとだけど、片づけができてる！　ほめよう（望ましい行動を見つけてほめる）。

大事なことなので、似たようなことをもう一度言います。

「赤サイクル」を「青サイクル」に切り替えるには、

① 「子どもの問題行動に注目して、赤カードでの対応方法を考えてしまっている状態」に注意しましょう。

② もし、自分が①の状態になっていることに気づけたら、スタンスを変えて、望ましい行動にターゲットを切り替えます。「望ましい行動は起きているはず、この後も起きるはず」という前提に立ちます。

③ 望ましい行動を見つけたらほめます。望ましい行動がまだなければ、できるように青カードを使って子どもをアシストして、子どもが望ましい行動ができたらほめます。

※「青サイクル」の中では、子どもが問題行動を起こしても、望ましい行動ができるように青カードを使って教えたり、引き出したりして、できたらほめます。

つまり、子どもが望ましい行動をしようが、問題行動をしようが、最終的には「望ましい行動ができた」→「ほめた」という流れに持っていきます。

実際には再三お伝えしているとおり、赤カードがなくなることはないし、0になるのを目指す必要もないので、「赤サイクル」をちょっとでも減らして、その分「青サイクル」が増やせればOKです。

それが現実的です。反省は不要だし、適当でいいし、できるときにちょっとできれば、それでいいんですよ。

自分の家の出来事に青カードでどう対応するか

では、これまでとは違った練習をしますよ。

まずは、「子どもがこういう問題行動をしています」とお題を出すので、みなさんは、①問題行動に対しての「事前の対応」、②「事後の対応」、③すでにできていることに対しての「ほめて増やす対応」、この3つのうち、どのアプローチでいくのかを決めてください。

次に、みなさんが決めたアプローチに合わせて、青カードの組み立てをしてください。

お題はわざと悩ましい内容にしておきます。青カードを組み立てても、「これで解決するのかなあ」と思ってしまう感じです。

日常生活の中では、これまで練習してきたような「青カードで対応してスッキリ！」という問題より、「解決するかどうかはわからないけど、とりあえず青カードでやってみよう」という問題のほうが多かったりします。

だから、正解かどうかは自信が持てなくても、みなさんなりに青カードを組み立てて対応してみる第一歩が大事なんです。ここを乗り越えないと、「練習では達人だけど、本番では様子見」なんてことになってしまいます。

適当でいいんです！　トライアンドエラーでいいんです。「とりあえずこれでいこう」と一歩踏み出す練習をやってみましょう。

練習タイム！

こんなとき何と言う？ 39

お気に入りの水色のジャージ

太郎くんは、最近買ってもらった水色のジャージが超お気に入りです。そのため、昨日も今日も、太郎くんは幼稚園に登園する際に、「ジャージを着ていく！」と強く主張し、ママは太郎くんの説得に苦労しました。

太郎くんも最後は納得して制服で出かけたものの、ママは朝から全力のやり取りで

疲れました。夕方にママはごはんをつくりながら、「明日もまたジャージでトラブルになるのかな、疲れるなあ……」と思いました。

それでは、ここで選択してください。もし、みなさんがこのママだったとしたら、

① 問題行動に対しての「事前の対応」
② 「事後の対応」
③ すでにできていることに対しての「ほめて増やす対応」

この３つのうち、どの対応でいきますか？　どれが正解というわけではないので、直感で好きな対応を選択してください。どうぞ。

さあ、答えは出ましたか？
次は、みなさんが選ばれた対応に合わせて青カードを組み立ててください。

こう言えたらOK!

①「事前の対応」の場合

（夕ごはんをつくり終わったところで）

［環境をつくる］太郎くん、ちょっとこっちに来て。

［聞く・考えさせる］太郎くんのジャージをどこに来ていくかを一緒に考えてほしいんだ。幼稚園には着ていけないけど、幼稚園以外で着ていきたいところはどこかある？　公園とかコンビニとか。次郎くんの家がいいのか。わかった、そうしよう。

［気持ちに理解を示す］ジャージを友だちに見せたかったんだね、わかったよ。

こう言えたらOK！

②「事後の対応」の場合

（朝、太郎くんが「制服はヤダ！　幼稚園にジャージを着ていきたい」と主張している場面）

［気持ちに理解を示す］ジャージを着ていきたいのはわかったよ。

［代わりの行動］幼稚園にジャージは着ていけないけど、バス停まではジャージを着ていって、友だちにジャージを見せたら、さっ制服の上にジャージを着ていって、友だちにジャージを見せたら、さっとジャージを脱ごうか。それでいい？

［一緒にやってみる］よし。じゃあ、ここで練習しておくよ。制服を着て、その上からジャージね。それでバス停で友だちに見せたら、さっとジャージだけ脱ぐよ。はい、脱いで。

［ほめる］できたね。これでお友だちにジャージを見せられるね。

こう言えたらOK！

③「ほめて増やす対応」の場合

（夕ごはんをつくり終わったところで）

［環境をつくる］太郎くん、ちょっとこっちに来て。

［ほめる］今日の朝さ、ジャージで幼稚園に行くのを我慢して、最後はささっと制服にお着替えできてえらかったね。太郎くんも成長したなあって、ママは思ったよ。

こんなとき何と言う？ 40

太郎くんの赤ちゃん返り

ママが妊娠してお腹が大きくなってきて、太郎くんの赤ちゃん返りがはじまりました。ママとしても太郎くんのことを最優先にして、なるべく太郎くんとの時間をつくろうとはしています。

そんななか、太郎くんはごはんを食べる際に、「ママ食べさせて」と言って、自分では食べずにママに食べさせてもらうことがブームになりました。それまでは、太郎くんは普通に自分で食べていました。

ごはんの流れを順に追うとこんな感じです。

・いただきますをして、ごはんの半分くらいは自分で食べる。
・途中から急に「ママ食べさせて」がはじまる。
・こうなると、最後までママに食べさせてもらうことに……。

では、ここで選択してください。

①「事前の対応」
②「事後の対応」
③「ほめて増やす対応」

この3つのうち、どの対応でいきましょうか。どうぞ。

次は、みなさんが選ばれた対応に合わせて青カードを組み立ててください。

こう言えたらOK!

①「事前の対応」の場合

（ごはんを食べる前に）

［環境をつくる］太郎くん、ちょっとここに座って。（一緒にイスに座る）

［代わりの行動］ママが太郎くんにごはんを食べさせてあげたら、次は太郎くんが自分で食べるっていうふうに順番で食べてほしいんだ。

［一緒にやってみる］一度、練習してみよう。ママが食べさせてあげるとするでしょ、あーんして。そしたら、次は太郎くんが自分で食べて。はい、自分でパクパク食べる。

［ほめる］いいね、順番でできたね。この後もそうやって食べてみようね。

こう言えたらOK！

②「事後の対応」の場合

（食事中、太郎くんの「ママ食べさせて」がはじまった場面）

［気持ちに理解を示す］はいはい、食べさせてほしいんだね。それはわかったよ。

［聞く・考えさせる］ママが食べさせてあげるのはいいんだけど、太郎くんにも自分で食べてほしいんだ。どうしたら太郎くんは自分で食べられそう？

［代わりの行動］ごはんはママで、お肉は太郎くん？　なるほど、面白い案だね。それでいこう。

［一緒にやってみる］じゃあ、さっそくやってみよう。

［ほめる］おお、いいね、自分で食べられてるね。

こう言えたらOK!

③「ほめて増やす対応」の場合

（「いただきます」をして、太郎くんが自分で食べている場面）

［ほめる］おお！　太郎くん、いい食べっぷりだね。かっこいいよ！

（途中で「ママ食べさせて」がはじまった場面）

［代わりの行動］じゃあ、お茶碗の半分までは自分で食べて。その後は食べさせてあげる。

［待つ］（太郎くんが食べるのを待つ）

［ほめる］いいねー、上手に食べてるねー。おいしそうに食べてるね。え？　もう少し自分で食べる？　すごいねー、じゃあママが応援してあげる。

「青カード」のためのヒント

子どもへの対応の難易度を下げるコツが3つあります。

①　スモールステップに分ける

いきなり最終目標を狙わず、行動を細かく分けて、小さなレベルで「やってみよう」→「できたね」と親子ともに成功体験を積んでいく方法です。
小さな行動であれば、子どもも実践しやすいし、成功もしやすいです。ママもほめるチャンスがたくさんあるので、前に進んでいる実感があります。

「こんなとき何と言う？」40の例でいえば、「太郎くんが自分で全部食べること」をいきなり狙わずに、「ママが食べさせてあげるから、次は太郎くんが自分で食べてね」のようなアプローチになります。

「朝、子どもが自分で着替えない」という問題行動であれば、「着替えをする場所（タンスの前）に行く」をターゲットにして、それができたら次は「自分でパジャマのズボンを脱ぐ」にチャレンジして……、と小さな階段を一段ずつ上っていくイメージです。

② すでにできているところを探す

「ほめる」のところで触れたとおり、問題行動の反対である望ましい行動はたいていの場合、すでに起きています。そして、問題行動を注意するより、できている行動をほめて増やしたほうが近道だったりします。

「こんなとき何と言う？」39、40の場面設定でも、思わず子どもの問題行動に注目しがちですが、実は太郎くんの望ましい行動はすでに起きているのでほめられるわけです。

③「聞く、考えさせる」を使って、子どもと一緒に考える

困ったときは子どもと一緒に考える——これができると本当にラクになります。「○○をしてほしいんだけど、太郎くんはどうすればいいと思う？」みたいな感じです。

そしてこれが成立するには、赤カードを回避することと、日ごろから青カードをたくさん使っておくことが大事です。親子ともに前向きなコミュニケーションの経験値を積んでおきましょう。

こんなとき何と言う？ 41

水泳教室の忘れ物

　太郎くんは水泳教室に通いはじめました。教室が終わると更衣室で着替えるのですが、太郎くんは周りのお兄ちゃんに触発されて一人で着替えます。その間、ママは更衣室の外で待ちます。

　そして太郎くんは、水泳パンツをカバンに入れ忘れて更衣室から出てくることがたびたびあります。忘れ物をうっかりスルーすると、後日、ママが水泳教室に取りに行かないといけないので、忘れ物があれば都

度、太郎くんを注意しています。
最近はパンツ忘れが3回続いているので、ママは少しピリピリしています。

では、

①「事前の対応」
②「事後の対応」
③「ほめて増やす対応」

この3つのうち、どの対応でいきましょうか。どうぞ。

答えは出ましたか?
次は、みなさんが選ばれた対応に合わせて青カードを組み立ててください。

こう言えたらOK！

① 「事前の対応」の場合

（水泳教室に行く前に自宅で）

［環境をつくる］太郎くん、ちょっとこっちに来て。

［代わりの行動］水泳教室に行く前に、お着替えの練習をしておくよ。水泳パンツは脱いだらすぐにビニール袋に入れて、カバンに入れるんだよ。

［一緒にやってみる］じゃあ、ここで練習しよう。

こう言えたらOK！

②「事後の対応」の場合

（更衣室から出てきて、忘れ物が発覚したところで）

［落ち着く］スーハー、スーハー

［ほめる］一人でお着替えをがんばってるね。

［聞く・考えさせる］水泳パンツを置いてきちゃったみたいだけど、水泳パンツは脱いだらどうするんだっけ？

［ほめる］そうそう、よく覚えてるね。すぐに袋に入れて、カバンに入れるんだよね。

［代わりの行動］じゃあ、忘れた水泳パンツを取ってきて。

こう言えたらOK！

③「ほめて増やす対応」の場合

（太郎くんが水泳パンツを忘れずに更衣室から出てきたとき）

［ほめる］太郎くん、がんばったね。一人でお着替えができたね。水泳パンツもばっちりカバンに入ってるね。

［聞く・考えさせる］水泳パンツを忘れないように、脱いだら何をしたの？

［ほめる］すぐに袋に入れたんだね。えらい。しっかり覚えてるね。

「青カード」のためのヒント

最後の「ほめて増やす対応」の対応例は、太郎くんのパンツ忘れという問題行動に対して、パンツを忘れないときもあることに着目して、そこをほめていく「すでにできているところ探し」のわかりやすい例でした。

これは本当に親御さんをラクにしてくれる簡単なアプローチなので、ぜひたくさん使ってみてください。問題行動が起きたときはその場で注意はするけれど、「何を叱るか」よりも「何をほめるか」を考えたほうが効率がいいんです。

そんなわけで、子どもの問題行動に出くわしたとき、時間や気持ちに余裕があれば、「①事前の対応」「②事後の対応」「③ほめて増やす対応」のどれで料理してやろうかと考えて、それが決まったら青カードの組み立てに入っていくといいですよ、っていうお話でした。

家族で練習しよう！

最後は、みなさんが孤軍奮闘するのはしんどいので、家族みんなで練習をしましょう、家族内に仲間を増やしましょう、という内容です。

●家族を集めて練習するだけです

まずはこれまでどおり、みなさんの練習と実体験からはじめます。

練習タイム！

こんなとき何と言う？ 42

家族みんなで練習しよう！

登場人物は、ママ、パパ、花子（6歳）、太郎（4歳）の4人です。

最近、ゲーム機を買いました。そして、ごはん、お風呂、外出などのタイミングで、次のようなトラブルが多発しています。

・花子と太郎でゲームをしているとき
↓なかなかゲームをやめない、パパは注

意したりしなかったり。

・**太郎が一人でゲームをしているとき**

↓なかなかゲームをやめない、花子は他人事、パパは注意したりしなかったり。

どちらのパターンでも、主に注意をする人はママになっていて、ママは毎度のトラブルの対応がしんどいと思っています。

そこでママは、「家族で練習」をすることにしました。ママとしては、「ゲームの途中でも、ママやパパに呼ばれたらゲームをやめて、コントローラーをテレビ台の上に置く」という約束をみんなとして、練習もしておきたいと思っています。

では、はじめますよ。

練習 42−1

まずママ役のみなさんは、パパ、花子ちゃん、太郎くんをリビングに呼んでください。

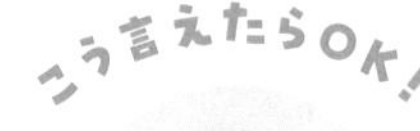

「パパ、花子ちゃん、太郎くん、ちょっと来て。みんなで座ってお話をするよ」

練習 42－2

次に、3人と話をします。3人が相手でも、やることはこれまでみなさんがしてきた練習と同じです。ママが仕切って、青カードを使って3人とゲームの中断方法を練習して約束してみてください。

[代わりの行動] ↓

[一緒にやってみる] ↓（実際にテレビとゲーム機のスイッチを入れた状態にして、ママが太郎に「ごはんだよ」と言うパターン、パパが花子に「お風呂に行くよ」と言うパターンを練習する）

［ほめる］

↓

［代わりの行動］ゲームで遊んでいるときにママやパパに呼ばれたら、ゲームをやめてコントローラーをテレビ台の上に置いてね。

［一緒にやってみる］じゃあ、みんなでやってみるよ。太郎くん、テレビとゲーム機のスイッチを入れて。太郎くんが一人でゲームをしているとして、ママが「ごはんだよ。ゲームをやめて」って言うから、太郎くんは約束どおりにゲームをやめてね。

はい、ごはんだよ。ゲームをやめて。

［ほめる］そうそう。そうだよね。電源をオフにして、コントローラーも置けたね。

［一緒にやってみる］今度は、花子ちゃんもやってみよう。いったんスイッチを入れて。じゃあ、パパが「お風呂に行くよ」って言って、花子ちゃんはゲームをやめるんだよ。はい、2人ともやってみて。

［ほめる］そうそう。できたね。

「青カード」のためのヒント

こうすると、ママと特定の子どもとで行う1対1のしつけから、家族全員での約束に話を広げることができます。

そして、みんなで約束をしているので、たとえばゲームをすぐにやめられない太郎くんをママが注意するとき、花子ちゃんやパパも当事者として話に参加してくれる可能性が上がります。

●太郎くんへの注意に花子ちゃんとパパも参加する例

ママ「太郎くん、ゲームをやめて」
太郎「え〜、あとちょっとだけ」
花子「太郎くん、電源をオフにして、コントローラーを置く約束でしょ」
太郎「……（電源を切る）」
パパ「おっ、太郎くん、すぐにできたね」

今の例のようになると、ママは一気にラクになりますよね。ここまでうまくいかなくても、家族全員が「どんな行動がまずくて、どんな行動が望ましいのか」を共有できていれば、子どもたちの意識が変わったり、問題行動が少しマシになったりはします。うまくいく可能性がちょこっと上がるんです。

子どものしつけについての当事者は家族全員なので、パパも子どもたちも当事者です。じぃじやばぁばも、みなさんの負担にならないのであれば、当事者にしてもよいかもしれません。

「家族で練習」が有効な場面は、たとえば、

- **出かけるときはさっと玄関に行って靴をはく**
- **車に乗るときはさっとシートに座ってベルトをつける**
- **人込みで迷子にならないように、「止まって」と言われたら立ち止まる**
- **お祭りでは、お店での買い物は3回で終わりにする**

などがあります。こういったことを家族みんなで、青カードで練習しておくんです。やることは1対1のしつけのときと大差ないので、気楽にやってみてください。うまくいったら丸儲けですよ。

●家族みんなが青カードを使えるようになるには

最後に、今の「家族で練習」をさらにパワーアップして、ママ以外の家族も青カードを使っていけるようにするポイントについて触れておきます。

先ほど出てきた例をもう一度見てください。

●太郎くんへの注意に花子ちゃんとパパも参加する例

ママ「太郎くん、ゲームをやめて」
太郎「え〜、あとちょっとだけ」
花子「太郎くん、電源をオフにして、コントローラーを置く約束でしょ」

太郎「……（電源を切る）」
パパ「おっ、太郎くん、すぐにできたね」

この例では、花子ちゃんは太郎くんに「代わりの行動」として、電源をオフにしてコントローラーを置くよう伝え、パパはゲームをやめられた太郎くんに「ほめる」を使っています。青カードが使えているわけです。見事な連携プレーです。

これがもし、赤カード方向で、花子ちゃんが「何やってるの太郎？　バカじゃないの？」と言ってしまったり、パパが「いつもそういうふうに、ゲームをすぐにやめられたらいいのにね」と嫌味を言ってしまったりすると台なしですよね。

つまり、ママ以外の家族が子どものしつけに参加するだけでなくて、青カードを使ってもらうことも重要だったりするんです。

家族が青カードを使えるようにしていくポイントは３つあります。

① 普段からママが、青カードでの対応をほかの家族にたくさん見せておく。特に、うまくいっているところを見せておく、成功体験を共有しておくことが大事です。説得力が増します。

② 基本的には、ほかの家族が自然とママの真似をするのを待つ。もし、ほかの家族に一緒にやろうと伝えるのであれば、「太郎くんが○○したときは、『できたね』ってちょっとほめておいて。お願いね」というように、ソフトにお願いしておく。

③ 家族がほんの少しでも青カードを使えたらほめる・感謝する。うまくいかなくても、青カードを使おうとしていたことをほめる・感謝する。

こう言うと、おそらく「子どもはともかく、なんで夫にそこまで下手に出ないといけないの？」という疑問を持つ方もいらっしゃると思います。ごもっともです。

ごもっともなんですが、配偶者に「青カードを使ってね」と話すのは結構難しいことなんです。これは、「妻から夫へ」だけでなく、「夫から妻へ」でもまったく同じです。

筆者も含めて、こういった子どもへの対応方法の研修を修了したプロや講座受講者さんたちが「自分の配偶者にストレートに話をして、うまくいかなくて夫婦げんかになる」なんていうのは、超おなじみのパターンなんです。

実体験のある人・話を飲み込めた人にとっては、青カードの話は「やったほうがお得でしょ」と思えるわけですが、おすすめされた側の人にとっては、「人の子育て観に土足でずかずか入り込んできて、理想論や正論を押しつけられた」という感じがして、反発したくなったりします。

だから、一見、下手に出ているように見えるくらい、丁寧におすすめしたほうが無難なんです。

それと、全体の流れは「青サイクル」の話と同じです。

ママが青カードを実践して具体的な成功例を家族に見せておいて、家族が真似をして青カードを使える可能性を高めておいて、家族が青カードを使ったらほめて、という流れです。

では、最後の練習をしましょう。

こんなとき何と言う？ 43

バイキングでテンションMAX！

ママ、パパ、花子、太郎の一家で旅行に行きました。夕食はホテルのバイキングです。子どもたちのテンションが上がるのは間違いなしです。

そして、子どもたちの性格からすると、はじめに目に入った好きな料理1、2品だけ大量にお皿に乗せて、すぐにお腹いっぱいになることが予想されます（フライドポテトを大量に食べてお腹いっぱい、みたいな）。

ママとしては、いったん会場の料理を見て回って、肉料理もデザートもあることを把握してから好きな料理を取ってほしいと思っています。

練習 43－1

まずはホテルの部屋を出る前に、「バイキングでは、いったん会場の料理を見て回る」ということを家族で練習しておきたいと思います。

ママが仕切ってください。どうぞ。

［代わりの行動］　↓

［一緒にやってみる］　↓

［ほめる］　↓

こう言えたらOK!

〔代わりの行動〕今からバイキングに行くんだけど、おいしいものがいーっぱいあるから、どんな料理があるのかをまずはぐるーっと見て回るよ。それから好きなものを取ろうね。

〔一緒にやってみる〕じゃあ、みんなでやってみるよ。ここがバイキングの入口だとするでしょ、パパは花子ちゃんと、ママは太郎くんと見て回るよ。お肉があって、お魚があって、デザートもあるね。

〔ほめる〕そうそう。こうやって見て回るんだよ。

練習 43-2

バイキングの会場に入ってすぐに、太郎くんは山盛りウインナーを見て、「ウインナーいっぱい食べたい!」と言いました。

花子ちゃんはすかさず、太郎くんに念を押すように言います。

「太郎くん、いろんな料理があるからぐるっと見て回るんだよ」

では、青カードを使った花子ちゃんをほめてあげてください。

［ほめる］

↓

こう言えたらOK！

［ほめる］花子ちゃん、今の「ぐるっと見て回るんだよ」ってすごくわかりやすかったよ。ありがとね。

練習 43－3

家族4人で会場の料理を見て回ってから、それぞれ好きな料理をまんべんなくお皿に乗せて席に座ることができました。

そこでパパがさらっと、「花子ちゃん、太郎くん、練習どおり料理を見て回ってから好きなものを選べたね」と子どもたちをほめました。
では、青カードを使ったパパをほめてあげてください。

［ほめる］

↓

こう言えたらOK！

［ほめる］**パパがほめると子どもたちもうれしそうね。**

「青カード」のためのヒント

さぁ、どうでしたか？　「家族で練習」はこれまでの青カードの応用（話す相手が複数人になるだけ）なので、たぶんみなさんもすらすらっとできたんじゃないかと思います。

家族みんなが青カードを使えるようになれば、ママはラクになりますし、家庭内の肯定的なコミュニケーションが増えれば、家族みんなにメリットがあります。

おまけに、青カードを使えるお子さんは社会性（社会でうまくやっていく力・周りからかわいがられる力）も上がったりします。

せっかくですから、ママだけではなく、家族みんなで青カードを使えるようにしちゃいましょう。

紙面の都合でここまでにしておきますが、「待つ」「落ち着く」なんかも家族で練習するといいんですよ。

おわりに

いやー、みなさんお疲れさまでした。これで青カードの特訓はおしまいです。これだけ練習すれば、日常生活でも青カードを実践できる可能性はだいぶ上がっているでしょうし、「子どもの問題行動にカチンときてドッカーンとなりそうな状況からの逆転！」もいくらかはできるようになっているはずです。

あとは、みなさんがやりやすい、みなさんなりの対応方法で実践・実体験を積み上げていってください。

それと、青カードが大事なのは、子どもが中学生・高校生になっても同じです。年齢に応じて対応が変わるところも確かにあるけれど、日々のやり取りって「電車のおもちゃを片づけて」が「部活の道具を片づけて」に変わる程度で、基本的なところは一緒だったりします。

みなさんが青カードを使う期間は、実はけっこう長いんです。なので、安心してじっくりゆっくりチャレンジしていただけるといいかなーって、筆者は思っています。

それでは、たくさんの練習に取り組んでいただきありがとうございました。

子どもも自分もラクになる どならない「叱り方」

発行日 2023年5月26日 第1刷
2023年6月15日 第2刷

Author 伊藤徳馬

Illustrator あべかよこ

Book Designer 鈴木大輔・江﨑輝海(ソウルデザイン)

Publication 株式会社ディスカヴァー・トゥエンティワン
〒102-0093 東京都千代田区平河町2-16-1 平河町森タワー11F
TEL 03-3237-8321(代表) 03-3237-8345(営業)
FAX 03-3237-8323
https://d21.co.jp/

Publisher 谷口奈緒美

Editor 三谷祐一

Marketing Solution Company
小田孝文 蛯原昇 飯田智樹 早水真吾 古矢薫 山中麻吏 佐藤昌幸 青木翔平 磯部隆 井筒浩 小田木もも 工藤奈津子 佐藤淳基 庄司知世 鈴木雄大 副島杏南 津野主揮 野村美空 野村美紀 廣内悠理 松ノ下直輝 八木眸 山田諭志 高原未来子 藤井かおり 藤井多穂子 井澤徳子 伊藤香 伊藤由美 小山怜那 葛目美枝子 鈴木洋子 畑野衣見 町田加奈子 宮崎陽子 青木聡子 新井英里 岩田絵美 大原花桜里 末永敦大 時田明子 時任炎 中谷夕香 長谷川かの子 服部剛

Digital Publishing Company
大山聡子 川島理 藤田浩芳 大竹朝子 中島俊平 小関勝則 千葉正幸 原典宏 青木涼馬 伊東佑真 榎本明日香 王廳 大﨑双葉 大田原恵美 坂田哲彦 佐藤サラ圭 志摩麻衣 杉田彰子 滝口景太郎 舘瑞恵 田山礼真 中西花 西川なつか 野﨑竜海 野中保奈美 橋本莉奈 林秀樹 星野悠果 牧野類 三谷祐一 宮田有利子 三輪真也 村尾純司 元木優子 安永姫菜 足立由実 小石亜季 中澤泰宏 浅野目七重 石橋佐知子 蛯原華恵 千葉潤子

TECH Company
大星多聞 森谷真一 馮東平 宇賀神実 小野航平 斎藤悠人 林秀規 福田章平

Headquarters
塩川和真 井上竜之介 奥田千晶 久保裕子 田中亜紀 福永友紀 阿知波淳平 近江花渚 仙田彩歌 池田望 齋藤朋子 俵敬子 宮下祥子 丸山香織

Proofreader 文字工房燦光

DTP 株式会社RUHIA

Printing 日経印刷株式会社

・定価はカバーに表示してあります。本書の無断転載・複写は、著作権法上での例外を除き禁じられています。インターネット、モバイル等の電子メディアにおける無断転載ならびに第三者によるスキャンやデジタル化もこれに準じます。
・乱丁・落丁本はお取り替えいたしますので、小社「不良品交換係」まで着払いにてお送りください。
・本書へのご意見・ご感想は下記からご送信いただけます。
https://d21.co.jp/inquiry/

ISBN 978-4-7993-2949-8
KODOMOMO JIBUNMO RAKUNINARU DONARANAI SHIKARIKATA by Tokuma Ito
© Tokuma Ito, 2023, Printed in Japan.

Discover

人と組織の可能性を拓く
ディスカヴァー・トゥエンティワンからのご案内

本書のご感想をいただいた方に
うれしい特典をお届けします！

特典内容の確認・ご応募はこちらから

https://d21.co.jp/news/event/book-voice/

最後までお読みいただき、ありがとうございます。
本書を通して、何か発見はありましたか？
ぜひ、感想をお聞かせください。

いただいた感想は、著者と編集者が拝読します。

また、ご感想をくださった方には、お得な特典をお届けします。